이탈리아어 첫걸음

만만한 세계도전 이탈리아어 첫걸음

이탈리아어 첫걸음

지은이 조문환
발행인 서덕일
발행처 오르비타

1판 1쇄 인쇄 2017년 12월 4일
1판 1쇄 발행 2017년 12월 8일

책임편집 서민우
일러스트 홍승표
디자인 싱타디자인 고희선

출판등록 제2014-66호(2014년 11월 17일)
주소 (10881) 경기도 파주시 회동길 366(서패동)
전화 (02) 499-1281, 2 / **팩스** (02) 499-1283
전자우편 orbitabook@orbitabook.com

값 15,800원(본책＋동영상 강의＋MP3)
ISBN 979-11-954448-8-5(13780)

이탈리아어 첫걸음

조문환 지음

Orbita

《만만한 세계도전 이탈리아어 첫걸음》은 이탈리아어를 처음 접하는 학습자를 대상으로 자세하게 만든 책이다. 어휘, 문법, 회화, 문화에 이르기까지 학습자가 알아야할 기본적인 내용들을 꼼꼼히 다루려 하였다. 20개로 구성된 각 단원은 상황별 회화로 시작되고 있으며 이 기본 회화를 바탕으로 꼭 알아야 할 기초 어휘, 핵심 표현, 문법, 연습문제, 생생 표현, 주제별 단어, 문화 팁을 모두 다루었다.

유럽의 언어들이 대개 그러하듯이 이탈리아어에서는 단어의 형태가 고정되지 않고 상당히 복잡하게 변형한다. 이렇게 복잡하게 변형하는 언어를 섭렵하기 위해서는 우선적으로 매우 정교하게 구성된 문법 하나하나를 잘 이해해야 한다. 이를 위해서는 많은 암기가 필요하다. 하지만 기본 암기 이후에 적용되어야 할 논리적 생각은 더더욱 중요하다고 할 수 있다. 우리말과 이탈리아어 간에는 같은 뜻의 단어를 일대일로 대응시킬 수 없기 때문에 이탈리아어를 말할 때에는 습득한 문법논리 속에서 재구조화 작업을 해야 한다.

한편 공통어를 갖게 된 지도 얼마 되지 않는 이탈리아어는 현재 심각한 오염과 변화를 겪고 있다. 소위 '신 표준어'라 불리는 현상들로 인해 20년 전의 이탈리아어와 지금의 이탈리아어는 조금 다르다고 할 수 있다. 신 표준어는 문법적이지만 더 이상 사용하지 않거나 혹은 비문법적이지만 실제 사용되고 있는 음운, 형태, 통사적 요소들을 담고 있다. 살아있는 이탈리아어를 하기 위해서는 이러한 언어 현상에 언제나 열려있어야 한다.

이렇게 이탈리아어를 잘 배우기 위해서는 암기력, 논리력, 수용력이 갖추어져야 한다. 이탈리아 속담에 'S'impara sbagliando(틀리면서 배운다)'란 말이 있다. 이 말은 역으로 틀려야만 배울 수 있다는 뜻이리라. 그러니 독자 여러분은 틀릴 것을 두려워하지 마시라! 마지막으로 살아있는 이탈리아어를 위해 원어 교정을 해주신 Alessio Muro 교수에게 감사의 뜻을 전하면서 본서가 쉽지만 가볍지 않고 내용이 충실한 책이라고 평가되기를 기대해 본다.

2017년 12월

조문환

시작하기(준비)

본격적으로 공부하기에 앞서 알파벳과 발음에 대해 알아봅니다. 이탈리아어 실력을 늘리기 위한 기초를 다지는 부분이니 꼭 이해하고 넘어가세요.

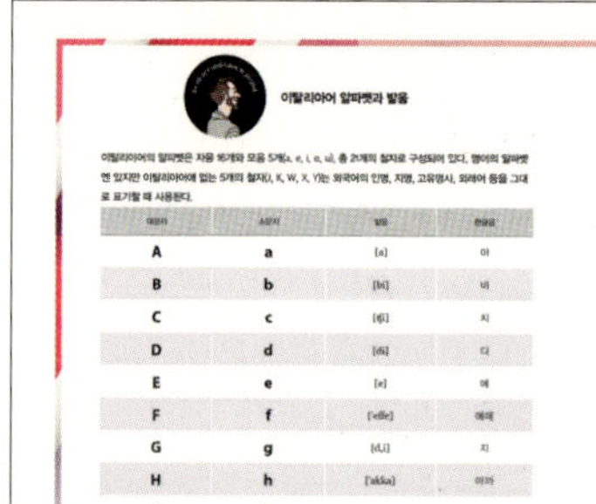

LEZIONE 1~LEZIONE 20

각 챕터는 〈대화 시작하기〉 〈만세 포인트〉 〈문법 따라잡기〉 〈연습문제〉 〈현지에서 사용하는 생생한 만세 표현〉 〈현지에서 사용하는 생생한 만세 단어〉 그리고 문화를 통해 이탈리아어를 이해하는 〈이탈리아를 알면 이탈리아어가 보인다〉로 구성되어 있습니다.

대화 시작하기

일상생활에 사용하는 알짜배기 어휘와 표현으로 회화를 구성했습니다. 10과까지는 한국어 독음이 모두 기재되어 있으니, MP3 음성과 함께 확인하면서 이탈리아어 발음 규칙에 익숙해지도록 연습하세요. 발음이 익숙해지면 11과부터 이탈리아어 문장만 보면서 읽을 수 있는지 점검하며 공부합니다.

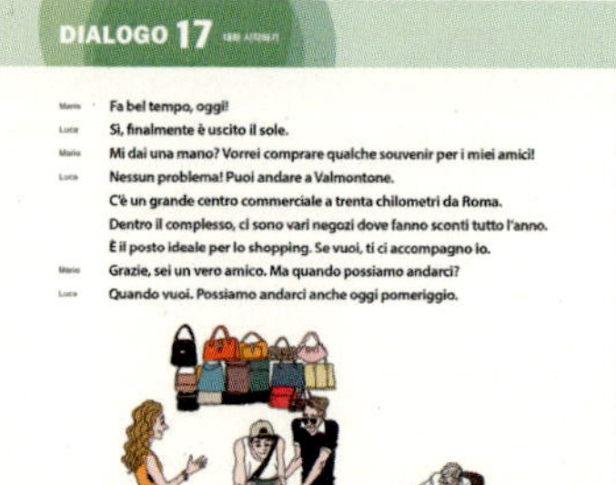

단어

회화에서 사용한 단어를 소개합니다. 다양하고 깊이 있는 표현을 하려면 단어 암기가 필수입니다. 문장을 통암기 하면서 단어를 외워보세요.

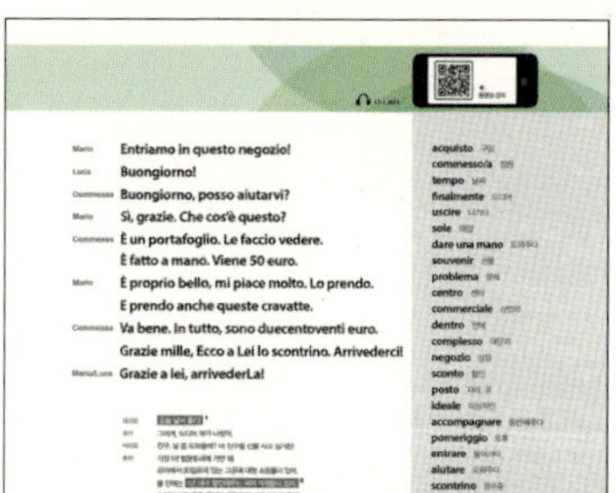
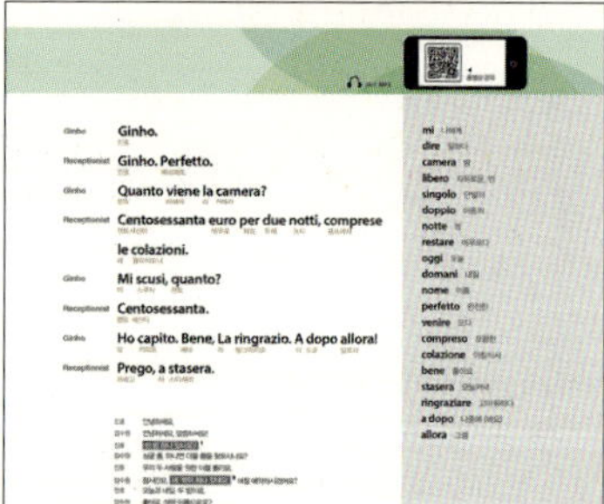

만세 포인트

해당 과에서 꼭 알아 두어야 하는 3가지 포인트 핵심 문장을 간단, 명확하게 응용 구문과 더불어 설명합니다. 문법을 공부하는 부분에서 다시 자세하게 추가 예문과 함께 설명하니 주의 깊게 보세요.

문법 따라잡기

회화는 물론 어학시험까지 대비가 가능하도록 '반드시 필요한' 문법만 선정하여 '간단 명료'하게 정리했습니다. 풍부한 해설이 담긴 동영상 강의와 함께 차근차근 학습해 보세요.

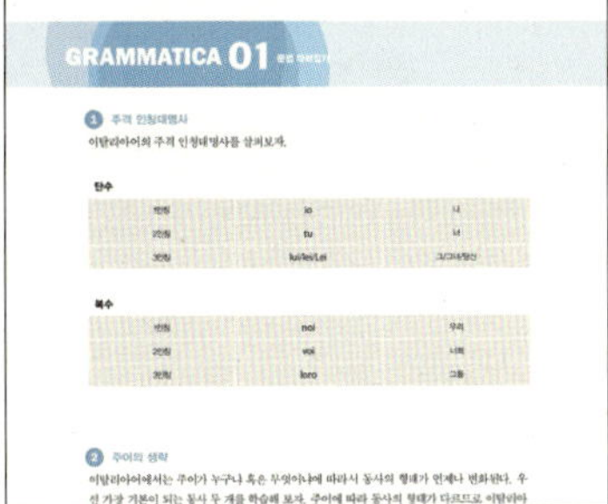 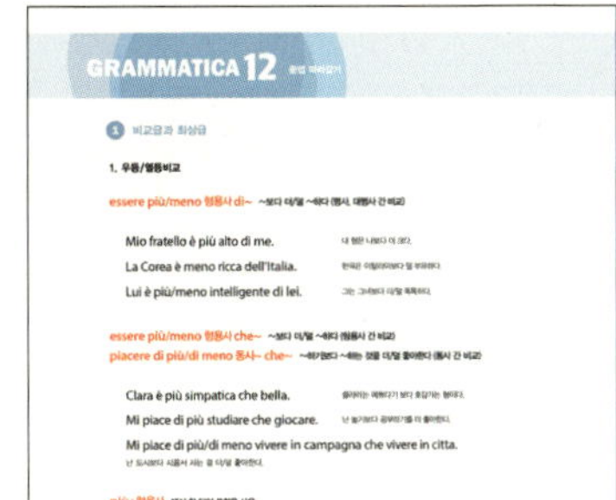

연습문제

각 과에서 학습했던 내용을 이해하고 암기했는지 확인해 봅니다. 틀린 내용은 〈대화 시작하기〉와 〈문법 따라잡기〉에서 꼭 다시 확인하세요.

읽기　쓰기　말하기　문법　듣기

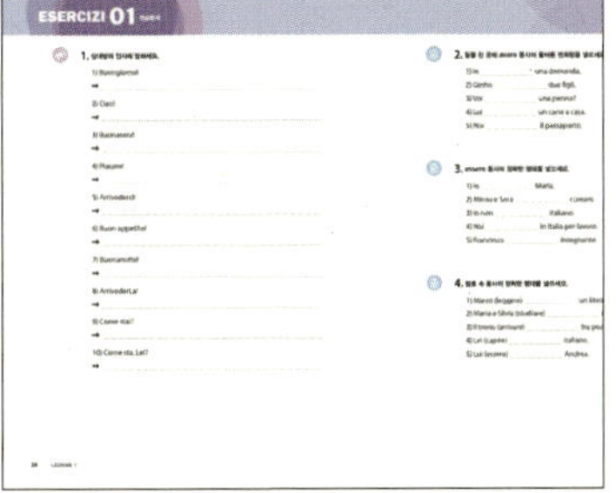 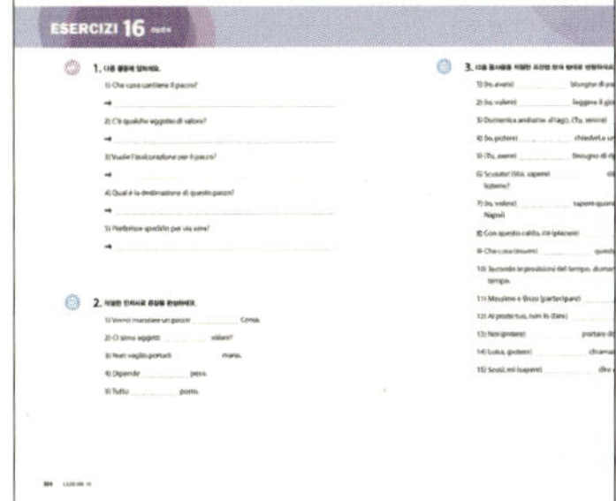

생생한 만세 표현

하고 싶은 말이 입 안에서만 맴돌기만 한다면 현지에서 매일 사용하는 표현을 외워 두세요. 언제 어디서 누구를 만나도 즐겁게 대화를 나눌 수 있을 겁니다.

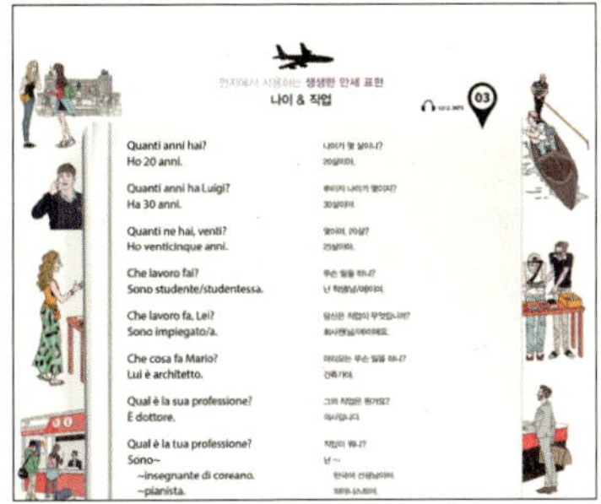 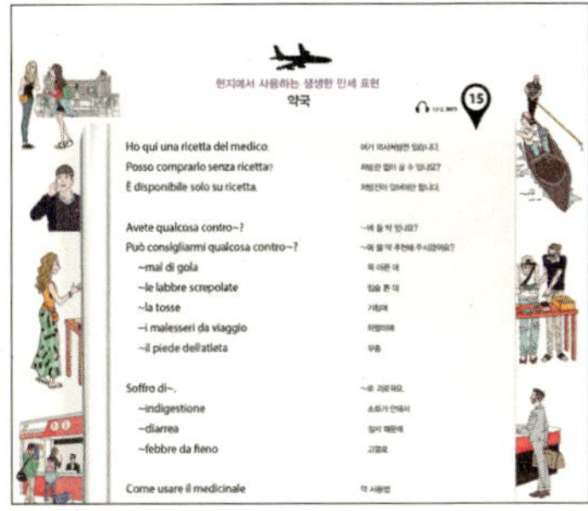

생생한 만세 단어

〈대화 시작하기〉〈문법 따라잡기〉〈생생한 만세 표현〉을 통해 배운 표현에 다양한 단어를 바꿔 넣어 가면서 좀 더 깊이 있는 어휘력과 표현력을 길러 보세요.

 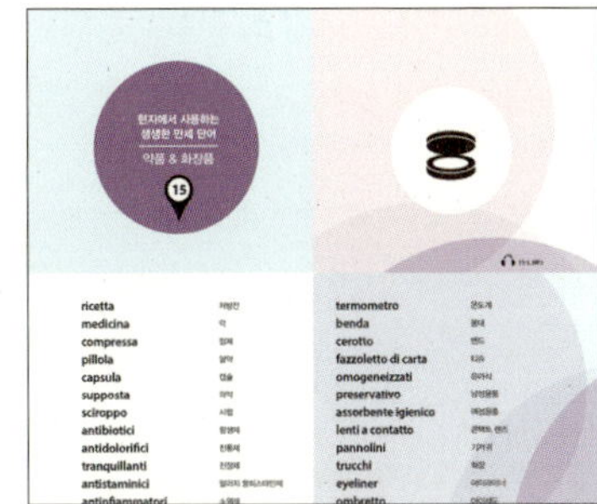

이탈리아를 알면 이탈리아어가 보인다

언어에는 문화가 배어 있습니다. 이탈리아 문화를 통해 이탈리아어에 한걸음 더 가까워질 수 있도록 한층 현실적인 이야기들을 모아 두었습니다. 그들의 문화를 알면 그들의 마음에 닿는 이탈리아어를 할 수 있습니다.

ITALY

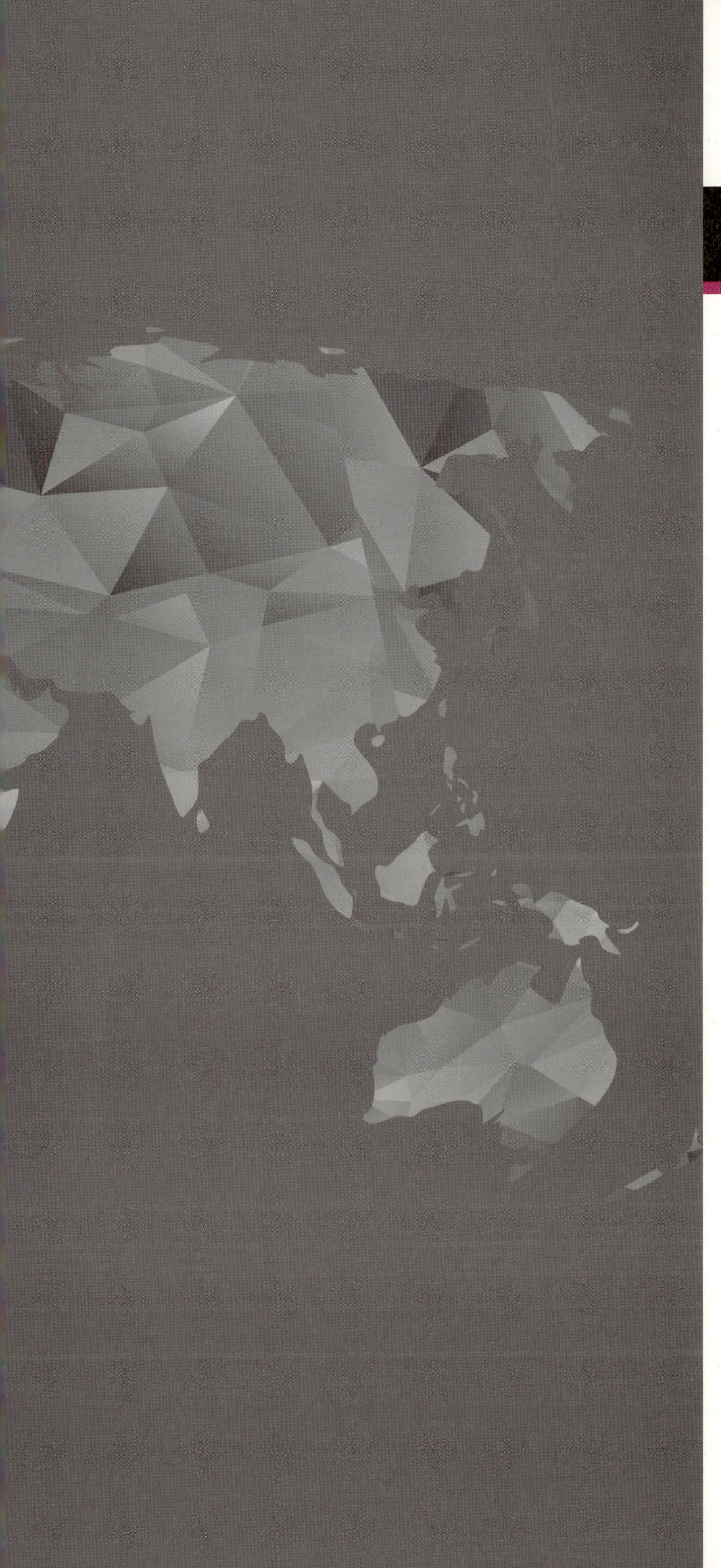

PROLOGO

이탈리아어를 공부하기 전에

이탈리아어 알파벳과 발음

이탈리아어의 알파벳은 자음 16개와 모음 5개(a, e, i, o, u), 총 21개의 철자로 구성되어 있다. 영어의 알파벳엔 있지만 이탈리아어에 없는 5개의 철자(J, K, W, X, Y)는 외국어의 인명, 지명, 고유명사, 외래어 등을 그대로 표기할 때 사용된다.

대문자	소문자	발음	한글음
A	a	[a]	아
B	b	[bi]	비
C	c	[tʃi]	치
D	d	[di]	디
E	e	[e]	에
F	f	['effe]	에페
G	g	[d,i]	지
H	h	['akka]	아까
I	i	[i]	이
L	l	['elle]	엘레
M	m	['emme]	엠메
N	n	['enne]	엔네
O	o	[o]	오
P	p	[pi]	삐

대문자	소문자	발음	한글음
Q	q	[ku]	꾸
R	r	[erre]	에레
S	s	[esse]	에세
T	t	[ti]	띠
U	u	[u]	우
V	v	[vu]	부
Z	z	['ʤeta]	제따

외래어 표기에 사용되는 5개 철자는 다음과 같다.

대문자	소문자	발음	한글음
J	j	[i lunga]	이 룽가
K	k	[kappa]	깝파
W	w	[douppia vu]	돕삐아 부
X	x	[iks]	익스
Y	y	[ipsilon]	입실론

1. 이탈리아어는 쓰인 대로 발음해요!

이탈리아어는 기본적으로 쓰인 대로 발음하면 된다.

예. erba 에르바, Ferragamo 페라가모, scatola 스카톨라, tartaruga 타르타루가

다만 다음 규칙은 지켜야 한다.

C   ca(까) ce(체) ci(치) co(꼬) cu(꾸)

       ca(까) che(께) chi(끼) co(꼬) cu(꾸)

G   ga(가) ge(제) gi(지) go(고) gu(구)

       ga(가) ghe(게) ghi(기) go(고) gu(구)

GL–   gla(글라) gle(글레) gli(리) glo(글로) glu(글루)

GN–   gna(냐) gne(녜) gni(니) gno(뇨) gnu(뉴)

H   발음하지 않음

R   혀 끝을 진동시키는 경구개치음

SC   sca(스카) sce(쉐) sci(쉬) sco(스코) scu(스쿠)

그러니 cielo, gelato, famiglia, montagna, ha, scemo와 같은 단어들은 '치엘로, 젤라토, 파밀리아, 몬타냐, 아, 쉐모'로 발음된다.

마지막으로 이탈리아어의 발음에서 b/v, f/p, l/r 사이에는 확연한 차이가 있고, 각 단어에는 고유의 악센트가 존재한다는 점에 유의하여야 한다.

또한 본서의 한국어 독음은 소리 나는 대로 적었으나 한국어와 이탈리아어의 소리 체계가 정확히 일치하지 않아 바르게 표기할 수 없는 한계가 있다는 사실을 주지하시기 바란다.

2. 이탈리아어는 굴절어라 단어의 형태가 변해요!

이탈리아어의 정관사와 부정관사는 뒤에 따라올 명사의 종류 즉, 남성/여성, 단수/복수, 자음시작/모음시작 등에 따라 각기 다른 형태를 취하고 있다.

동사는 단수1, 2, 3인칭, 복수 1, 2, 3인칭 주어에 따라 6가지 활용을 하는데 시제(선립미래, 단순미래, 현재, 근과거, 반과거, 원과거, 대과거, 선립과거), 양태(직설법, 조건법, 접속법, 가정법, 명령법 등), 태(능동, 수동)에 따라 각기 그 형태가 달라지므로 복잡하다.

형용사는 수식하는 명사의 성과 수에 따라 각기 다른 꼬리변형을 하기 때문에 구를 만들 때 '명사+형용사'의 어순을 갖는 것이 일반적이고 간혹 일어날 수 있는 '형용사+명사'의 경우에는 대개 형용사가 불규칙적 변형을 하게 된다.

이탈리아어의 명사는 꼬리의 변형된 형태를 통해 성(남성과 여성)과 수(단수와 복수)의 개념을 표현한다.

3. 이탈리아어 문장은 만들기 쉬워요!

이탈리아어는 '주어+동사+목적어+보어'의 어순을 따르는 언어이다. 동사는 각기 다른 형태로 시제와 양태를 나타낸다. 동사는 문장의 구조에 있어 매우 중요한 요소인데 문장이 어떠한 모습으로 건축되어야 하는지는 동사의 의미에 따라 미리 정해진다.

piovere (주어, 목적어 필요 없이 "비 내리다" 동사 하나로 문장이 됨)

camminare (내재적이든 외현적이든 걷는 주체가 동사 앞에 존재함)

mangiare (주어와 목적어가 동사의 앞과 뒤에 있어야 함)

dare (누가 무엇을 누구에게 주는지 동사 전후에 나타나야 함)

4. 기초에 필요한 내용으로 구성했어요!

이탈리아어 동사의 체계는 시제와 양태에 따라 다양하고 복잡하게 변화하기 때문에 한꺼번에 그 모든 체계를 이해하기란 불가능하다. 효율적인 학습을 위해 본서에서는 회화에 꼭 필요한 기초적 문법 사항을 다루고 있다. 본서와 함께 차근차근 이탈리아어의 여러 부분들을 이해하려고 충실히 노력한다면 조금씩 새로운 언어에 다가가는 기쁨을 얻게 될 것이다.

Come stai?
어떻게 지내?

LEZIONE
1

- 주격 인칭대명사
- 주어의 생략
- 격식체
- 규칙 동사
- 불규칙 동사

Mina	**Ciao, Laura!** 챠오 라우라
Laura	**Ciao, Mina!** 챠오 미나
Mina	**Come stai?** 코메 스타이
Laura	**Sto bene, grazie. E tu?** 스토 베네 그라치에 에 투
Mina	**Sto bene anch'io. Ti presento la signora Mara.** 스토 베네 앙키오 띠 프레젠토 라 시뇨라 마라
Laura	**Buongiorno! Molto piacere!** 부온죠르노 몰토 피아체레
Mara	**Buongiorno a Lei! Piacere mio!** 부온죠르노 아 레이 피아체레 미오

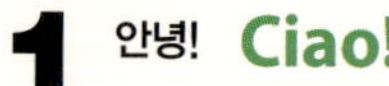

1 안녕! Ciao!

가까운 친구 간에 건네는 인사말이다. 이탈리아어에는 우리말의 반말이나 존댓말의 개념과 비슷하지만 꼭 같진 않은 친근체와 격식체의 표현이 있다. 대화상대자와의 심리적·사회적 거리 관계를 나타내는 것으로서 주로 동사의 변형을 통하여 표현한다. 예를 들어 "How are you?"의 표현은 이탈리아어에서 Come stai? (stare 동사의 직설법 단수 2인칭 변형 형태인 친근체) 내지 Come sta? (stare 동사의 직설법 단수 3인칭 변형으로 2인칭에 대한 격식체)로 표현된다..

2 안녕하세요! Buongiorno!

이탈리아어의 인사말은 주로 'buon(o)+명사'의 형태인데 형용사의 원형 격인 buono (좋은)는 결합할 명사가 남성인지 여성인지 단수인지 복수인지에 따라 각각 다른 변형을 한다.

Buongiorno! 안녕하세요! (오전) **Buonasera!** 안녕하세요! (오후)
Buonanotte! 안녕히 주무세요! (밤) **Buona domenica!** 좋은 일요일 보내세요!
Buone vacanze! 방학 기간 잘 보내세요!
Buona vacanza a Roma! 로마 휴가 잘 보내세요!

Laura Senti, Mina! Hai qualche impegno stasera?
센티 미나 아이 콸케 임페뇨 스타쎄라

Mina No. Dopo le sei, sono libera.
노 도포 레 세이 쏘노 리베라

Laura Benissimo. Allora ci vediamo a casa mia verso
베니씨모 알로라 치 베디아모 아 카사 미아 베르소

le sette? Ceniamo insieme!
레 셋테 체니아모 인시에메

Mina Volentieri.
볼렌티에리

Laura Ok, a dopo allora!
오케이 아 도포 알로라

Mina A dopo!
아 도포

Laura A dopo, Mina! ArrivederLa, signora!
아 도포 미나 아리베데를라 시뇨라

Mina Ciao! Arrivederci!
챠오 아리베데르치

Mara Arrivederci!
아리베데르치

미나	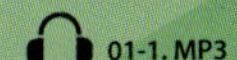 안녕,[1] 라우라!
라우라	안녕, 미나!
미나	어떻게 지내?
라우라	잘 지내, 고마워. 넌?
미나	나도 잘 지내. 여기 마라 아주머니 소개할게.
라우라	안녕하세요,[2] 반갑습니다.
마라	안녕하세요, 저도 반가워요.
라우라	미나, 오늘 저녁 바빠?
미나	아니, 여섯 시 이후 괜찮아.
라우라	좋아, 그럼 일곱 시쯤 내 집에서 볼까? 저녁 같이하자.
미나	기꺼이.
라우라	오케이, 그럼 이따 봐!
미나	그래, 이따 봐!
라우라	안녕, 미나! 또 봬요, 아주머니!
미나	안녕! 잘 가![3]
마라	안녕!

3 또 만나요! **Arrivederci!**

헤어질 때의 일반적인 인사말이다. 격식체는 'ArrivederLa'이다. 헤어질 때의 인사말은 그 외에도 다양
하게 표현될 수 있다.

A domani! 내일 봐요! **A dopo!** 이따 만나요!

한편 다음의 인사말들은 만날 때와 헤어질 때 모두 사용이 가능하다.

Buongiorno! 안녕하세요, 안녕히 계세요! **Buonasera!** 안녕하세요, 안녕히 계세요!

Ciao! (만날 때)안녕, (헤어질 때)안녕!

---

come~? 어떻게~?

stai ~(상태에) 있다 (stare 동사의 단수 2인칭 변형)

sto (stare 동사의 단수 1인칭 변형)

bene 잘

grazie 고마워

e 그리고 (o는 그러나)

anch'io 나 또한

ti 네게 (간접목적어 동사 앞 전접어)

presento 소개하다
(presentare 동사의 단수 1인칭 변형)

la (여성 단수명사 앞 정관사)

signora 아주머니, 부인

molto 많은, 많이

piacere 반가워

senti 듣다 (sentire 동사의 2인칭 단수 명령형)

mio 나의

hai 가지다 (avere 동사의 단수 2인칭 변형)

qualche 몇몇의

impegno 할일

stasera 오늘 저녁

dopo 이후에

le sei 여섯 시

sono ~이다 (essere 동사의 단수 1인칭 변형)

libera 자유로운 (형용사 libero의 여성단수 형태)

benissimo/bene 좋아요

allora 그럼

ci 우리 ('서로'의 뜻을 가진 접사)

ci vediamo 서로 만나다
(vederci 동사의 복수 1인칭 변형)

a ~에서 (전치사)

casa 집

mia 나의 (형용사 mio의 여성단수명사 수식 형태)

verso ~경

le sette 일곱 시

ceniamo
저녁식사 하다 (cenare 동사의 복수 1인칭 변형)

insieme 함께

volentieri 기꺼이

a dopo 나중에 (만나)

1 주격 인칭대명사

이탈리아어의 주격 인칭대명사를 살펴보자.

단수

1인칭	io	나
2인칭	tu	너
3인칭	lui/lei/Lei	그/그녀/당신

복수

1인칭	noi	우리
2인칭	voi	너희
3인칭	loro	그들

2 주어의 생략

이탈리아어에서는 주어가 누구냐 혹은 무엇이냐에 따라서 동사의 형태가 언제나 변화된다. 우선 가장 기본이 되는 동사 두 개를 학습해 보자. 주어에 따라 동사의 형태가 다르므로 이탈리아어에서는 주어를 생략할 수 있다. 동사로써 주어를 유추할 수 있기 때문이다.

주격 인칭대명사	essere (be동사)	avere (have동사)
io (나)	sono	ho
tu (너)	sei	hai
lui/lei/Lei (그/그녀/당신)	è	ha
noi (우리)	siamo	abbiamo
voi (너희)	siete	avete
loro (그들)	sono	hanno

Io sono Minsu. = Sono Minsu.　　　전 민수입니다.

Io ho un libro. = Ho un libro.　　　나는 책 한 권을 가지고 있다.

③ 격식체

2인칭 단수의 상대방에게 3인칭 동사를 사용하여 표현한다면 격식체(존칭 혹은 거리감)의 표현이 된다. 그러나 복수의 2인칭 상대방에게는 더 이상 복수 3인칭 형태를 사용하지 않는다.

Sei coreano?　　　넌 한국인이니?

Lei è coreano?　　　당신은 한국인이신가요?

Siete coreani?　　　너희들(당신들)은 한국인이신가요?

한편 위 동사의 3인칭 단수, 복수 형태는 주어가 사람이 아닌 사물일 때도 적용된다.

Questo è ombrello.　　　이것은 우산이다.

Questi sono libri.　　　이것은 책들이다.

L'italiano è interessante.　　　이탈리아어는 흥미롭다.

④ 규칙 동사

이렇게 이탈리아어의 모든 동사들은 essere나 avere 동사와 마찬가지로 모두 인칭에 따라 6가지의 형태변형을 한다. 먼저 이탈리아어의 일반 동사들의 직설법 현재 규칙변형에 대해 학습해 보자. 이탈리아어의 동사는 -are형, -ere형, -ire 1형, -ire 2형 동사로 분류되고 다음과 같은 꼬리 변형을 한다.

arrivare 도착하다 (-are형 규칙동사 변형의 예)

arrivo. arrivi. arriva. arriviamo. arrivate. arrivano

vedere 보다 (–ere형 규칙동사 변형의 예)

vedo, vedi, vede, vediamo, vedete, vedono

sentire 듣다 (–ire 1형 규칙동사 변형의 예)

sento, senti, sente, sentiamo, sentite, sentono

capire 이해하다 (–ire 2형 규칙동사 변형의 예)

capisco, capisci, capisce, capiamo, capite, capiscono

Arrivo in tempo.	나는 제 시간에 도착한다.
Vedono una ragazza.	그들이 한 소녀를 본다.
Sente la musica.	그/그녀가 음악을 듣는다.
Capisco bene l'italiano.	나는 이탈리아어를 잘 이해한다.

5 불규칙 동사

동사는 세 개(정확히는 네 개)의 카테고리에 속하지만 독자적인 변형을 갖는 여러 불규칙 동사
들이 있어 이들의 변형을 따로 암기하여야 한다. 어떤 동사가 어떠한 변형을 할지는 사전 상에
서 확인하여야 한다.

fare ~을 하다

faccio, fai, fa, facciamo, fate, fanno

bere ~을 마시다

bevo, bevi, beve, beviamo, bevete, bevono

uscire 나가다, 외출하다	
esco, esci, esce, usciamo, uscite, escono	

andare 가다	
vado, vai, va, andiamo, andate, vanno	

dare 주다	
do, dai, dà, diamo, date, danno	

stare ~상태로 있다	
sto, stai, sta, stiamo, state, stanno	

venire 오다	
vengo, vieni, viene, veniamo, venite, vengono	

dire 말하다	
dico, dici, dice, diciamo, dite, dicono	

Faccio una passeggiata.	나는 산책한다.
Bevo una birra.	나는 맥주 마신다.
Esco stasera.	나는 오늘 저녁 외출한다.
Vado a scuola.	학교에 간다.
Do una penna a Marco.	마르코에게 펜을 준다.
Sto bene.	잘 지내요.
Vengo a scuola a piedi.	학교에 걸어서 온다.
Dice sempre bugie.	그는 늘 거짓말을 한다.

1. 상대방의 인사에 답하세요.

1) Buongiorno!

➡ ___________________________________

2) Ciao!

➡ ___________________________________

3) Buonasera!

➡ ___________________________________

4) Piacere!

➡ ___________________________________

5) Arrivederci!

➡ ___________________________________

6) Buon appetito!

➡ ___________________________________

7) Buonanotte!

➡ ___________________________________

8) ArrivederLa!

➡ ___________________________________

9) Come stai?

➡ ___________________________________

10) Come sta, Lei?

➡ ___________________________________

2. 밑줄 친 곳에 avere 동사의 올바른 변화형을 넣으세요.

1) Io _______________ una domanda.

2) Ginho _______________ due figli.

3) Voi _______________ una penna?

4) Lui _______________ un cane a casa.

5) Noi _______________ il passaporto.

3. essere 동사의 정확한 형태를 넣으세요.

1) Io _______________ Maria.

2) Minsu e Sora _______________ coreani.

3) Io non _______________ italiano.

4) Noi _______________ in Italia per lavoro.

5) Francesca _______________ insegnante.

4. 괄호 속 동사의 정확한 형태를 넣으세요.

1) Marco (leggere) _______________ un libro.

2) Maria e Silvia (studiare) _______________ moda in Italia.

3) Il treno (arrivare) _______________ tra poco.

4) Lei (capire) _______________ italiano.

5) Lui (essere) _______________ Andrea.

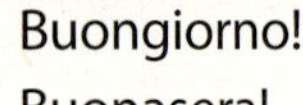

Buongiorno!	안녕하세요! (오전)
Buonasera!	안녕하세요! (오후)
Molto lieto!/Molto piacere!	무척 반갑습니다!
Salve!	안녕하세요!
Ciao!	안녕!
Buongiorno a tutti!	모두 안녕하세요!
Piacere di conoscerla!	알게되어 기쁩니다!
Arrivederci!	안녕히 가세요/안녕히 계세요!
A presto!	곧 만나요!
A dopo!	나중에 봐요!
A più tardi!	있다가 만나요!
A domani!	내일 만나요!
Alla prossima!	다음에 만나요!
Buona serata!	좋은 저녁되세요!
Buonanotte!	안녕히 주무세요!
Buona giornata!	좋은 하루 보내세요!
Addio!	부디 잘 가오!
È stato un piacere!	기뻤어요!
Stia bene!	잘 계세요!
Come stai?	어떻게 지내세요?
Sto bene.	잘 지내요.
Non c'è male.	나쁘지 않아요.
Abbastanza bene.	그럭저럭 잘 지내요.
Non troppo bene.	아주 잘 지내진 못해요.
Così, così./non molto bene.	그저 그렇습니다.
Benissimo./Molto bene.	잘 지내요.
Grazie!	감사합니다!
Scusi!	미안합니다!
Prego!	천만에요!

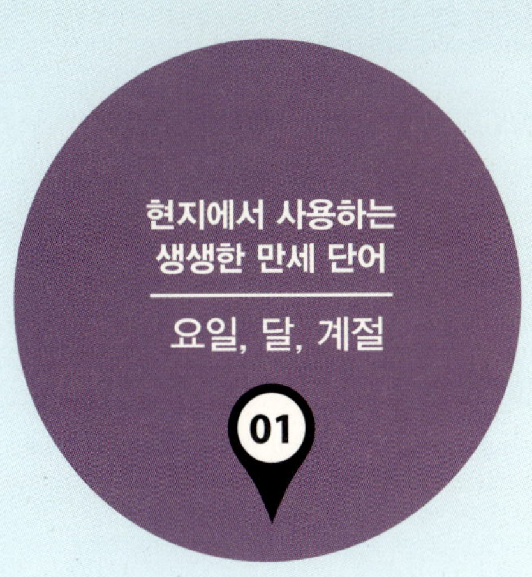

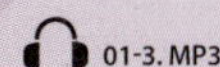

요일 (giorni della settimana)

lunedì	월요일
martedì	화요일
mercoledì	수요일
giovedì	목요일
venerdì	금요일
sabato	토요일
domenica	일요일

달 (mesi dell'anno)

un anno	1년
gennaio	1월
febbraio	2월
marzo	3월
aprile	4월
maggio	5월
giugno	6월
luglio	7월
agosto	8월
settembre	9월
ottobre	10월
novembre	11월
dicembre	12월

4계절 (quattro stagioni)

primavera	봄
estate	여름
autunno	가을
inverno	겨울

인사

"챠오! 살베! 아디오!"
Ciao! Salve! Addio!

이탈리아인들은 대화할 때 제스처나 손을 많이 사용하는 것으로 유명하다. 이탈리아인들은 반가운 이를 만나면 부둥켜안거나 손을 맞잡고 '두에 바치(due baci)'를 교환한다. 반가움의 표현으로 서로의 양 볼을 맞대는 인사법을 보는 것은 이제 우리에게도 어색하지 않다. 이탈리아의 기본 인사는 시간에 따라서 그 표현이 다르다. 오전에는 "Buongiorno(부온죠르노)!", 오후에는 "Buonpomeriggio(부온포메리죠)!", 그 이후 저녁과 밤 시간에는 "Buonasera(부오나세라)!"를 사용한다. 잠자리에 들 때는 "Buonanotte(부오나놋테)!"라 한다. 헤어질 때의 인사말은 "Arrivederci(아리베데르치)!" 내지 "ArrivederLa(아리베데를라)!", "Ci sentiamo(치 센티아모)!" 등을 사용한다.

가장 흔한 인사말 "Ciao(챠오)!"는 만나고 헤어질 때, 시간에 관계없이 친근감 있게, 편하게 나누는 인사말이다. '챠오'는 사실 '나는 당신의 노예(sono schiavo Vostro)'라는 뜻의 베네치아어 'sciao'에서 유래하였지만 이제는 친근감을 표현하는 인사말로 굳어졌다. 반면 "Salve(살베)!"는 라틴어 'salvere(잘 지내다)', 'salvus(건강한)', 'salus(건강)'와 같은 좋은 의미에서 출발한 것으로 '너무 형식적이지는 않지만 약간의 거리감 있는' 인사말로 굳혔다. 얼굴 정도는 알고 있지만 일상적 교류를 하는 사이가 아니라면 어느 정도의 거리감과 적당한 예의를 갖춘 '살베!'가 어울린다. 반면 '신의 가호가 있길(vi affido, vi raccomando a Dio)'이라는 말에서 유래하여 18세기까지 가까운 사이에 헤어질 때 하던 정감 어린 인사말 "Addio(아디오)!"는 이후 만나기 힘들 것 같은 사람 내지 결정적인 결별의 인사로 자리매김 되었다.

Sono Coreano.
나는 한국인입니다.
OBSON
STREETFOOD
EST. 1990
POLPETTE

LEZIONE
2

- 재귀동사
- 명사의 성과 수
- 부정문
- 의문사

Silvia	**Qual è il Suo nome?** 콸 에 일 수오 노메
Kim	**Mi chiamo Kim.** 미 키아모 킴
Silvia	**È giapponese, Signor Kim?** 에 쟈포네제 시뇨르 킴
Kim	**No, non sono giapponese. Sono coreano.** 노 논 소노 쟈포네제 쏘노 코레아노
Silvia	**Che lingua parlano i coreani?** 케 링구아 피를라노 이 코레아니
Kim	**Parliamo il coreano.** 파를리아모 일 코레아노
Silvia	**Parla anche l'inglese?** 파를라 앙케 잉글레제

만세 포인트

1 이름이 무엇입니까?

Qual è il suo nome? / Come si chiama Lei?

Io sono Kim. / Mi chiamo Kim. 김입니다.

이름을 물을 때 essere 동사를 사용하여 문장을 말할 수도 있지만 일반적으로는 앞으로 학습하게 될 재귀동사의 표현을 사용한다.

2 한국인입니다.

Sono coreano.

È giapponese? 일본인이신가요?

No, sono coreano. 아니요, 한국인입니다.

Di che nazionalità è Lei? 국적이 어디신가요?

국적을 묻는 위 질문에서 전치사 Di (~의) 의 출현의 이유는 '당신=국적'이 아니기 때문이다.

Kim	**Sì, parlo inglese, giapponese e un po' d'italiano.** 씨 파를로 잉글레제 쟈포네제 에 운 포 디탈리아노
Silvia	**Complimenti! Di dov'è, Lei?** 콤플리멘티 디 도베 레이
Kim	**Sono di Seoul. E Lei?** 쏘노 디 서울 에 레이
Silvia	**Io sono di Spoleto, ma abito a Perugia.** 이오 쏘노 디 스폴레토 마 아비토 아 페루쟈
Kim	**Che lavoro fa a Perugia?** 케 라보로 파 아 페루쟈
Silvia	**Faccio l'impiegata in un'azienda.** 파쵸 림피에가타 인 우나치엔다

quale~ 어떤 것

è ~이다 (essere 동사의 3인칭 단수 형태)

il (남성 단수 정관사의 한 형태)

Suo 당신의

nome 이름

mi chiamo~ 내 이름은 ~이다
(chiamarsi 재귀동사의 1인칭 단수 변형)

è ~이다 (essere 동사의 3인칭 단수 형태로 2인칭에 대한 존칭을 나타냄)

giapponese 일본 사람, 일본어

signor(e) 미스터

non 아닌 (동사 앞에 놓이는 부정어)

sono ~이다 (essere 동사의 1인칭 단수 형태)

coreano 한국인, 한국어

che~ 무슨, 무엇

lingua 언어

parlare 말하다 (parlo, parli, parla, parliamo, parlate, parlano)

coreani 한국사람 (남성명사의 복수)

anche 또한

inglese 영어, 영국사람

Sì 예 (No 아니요)

un po' di~ 약간의~

italiano 이탈리아어, 이탈리아인

complimenti 훌륭합니다, 잘했어요

di dove~ 어디 출신~ (di는 전치사 of의 의미)

ma 그러나, 하지만

abito a ~에 살다
(abitare 동사의 1인칭 단수변형)

lavorare 일하다

lavoro 일

fa ~하다 (fare동사: faccio, fai, fa facciamo, fate, fanno)

impiegata 여직원 (impiegato 남직원)

in ~에서 (전치사)

un' (모음으로 시작하는 여성 부정관사)

azienda 회사

실비아	성함이 어떻게 되시죠? [1]
김	김이라고 합니다.
실비아	김 선생님, 일본인이신가요?
김	아니요, 전 일본인이 아닙니다. 한국인입니다. [2]
실비아	한국 사람들은 어떤 언어를 말하나요?
김	한국어를 씁니다.
실비아	선생님은 영어도 하시나요?
김	네, 영어, 일어, 약간의 이탈리아어를 할 줄 압니다.
실비아	훌륭합니다. 어디 출신이세요? [3]
김	서울이요. 당신은요?
실비아	전 스폴레토 출신인데 페루쟈에 살아요.
김	페루쟈에서 무슨 일 하세요?
실비아	회사원이에요.

3 당신은 어디 출신인가요?
Di dove è Lei?

이때는 국적이 아닌 출신 도시를 묻는 것이다. 전치사 di (~의)의 출현의 이유는 마찬가지로 '당신이나 나 = 도시'가 아니기 때문이다. 대답은 다음과 같이 할 수 있다.

Sono di Seoul. 전 서울 출신입니다.

1 재귀동사

앞서 학습한 일반 동사들 외에 이탈리아어에는 재귀동사라는 것이 있다. 타동사(목적어를 취하는 동사) 가운데 일부는 재귀동사로도 쓰인다. 이들은 '재귀대명사+일반동사의 변형'의 형태를 가지며 의미적으로 주어 행위의 영향이 자신에게 되돌아오는 경우에 사용된다. 직설법 현재 변형의 경우 다음과 같은 형태를 취한다.

chiamarsi 자신을 ~라 부르다

mi chiamo, ti chiami, si chiama, ci chiamiamo, vi chiamate, si chiamano

mettersi 자신 스스로 ~을 입다, 걸치다

mi metto, ti metti, si mette, ci mettiamo, vi mettete, si mettono

vestirsi 자신 스스로 옷을 입다

mi vesto, ti vesti, si veste, ci vestiamo, vi vestite, si vestono

Mi chiamo Silvia.	저는 제 자신을 실비아라 부릅니다. (제 이름은 실비아입니다.)
Mi metto un cappello.	내 자신이 모자를 쓴다.
Si veste velocemente.	그는 서둘러 옷을 입는다.

2 명사의 성과 수

이탈리아어의 명사는 모두 성과 수의 개념을 동반한다. 모든 명사는 남성 아니면 여성, 단수 아니면 복수의 개념을 담고 있다. 단 -e로 끝나는 명사의 경우는 남성도 될 수 있고 여성도 될 수 있으므로 사전 상에서 확인하여야 한다.

	단수 (singolare)	복수 (plurale)
남성명사 (maschile)	-o	-i
여성명사 (femminile)	-a	-e
남성 혹은 여성명사	-e	-i

남성명사: libro → libri 책

여성명사: casa → case 집

남성 혹은 여성명사: cane → cani 개 (남성), coreana → coreane 여자한국인 (여성)

대개 -o로 끝나면 남성명사이고 -a로 끝나면 여성명사이지만 언제나 그런 것은 아니다. 모든 문법에는 예외 내지 불규칙이 존재한다. 즉, -o로 끝난다 해서 모두 남성명사는 아니며 -a로 끝난다 해서 모두 여성명사가 아니다.

남성명사: problema → problemi 문제, tema → temi 주제

여성명사: metro → metro 지하철, foto → foto 사진, mano → mani 손

남성여성 둘다: pianista → pianisti/pianiste 피아니스트, turista → turisti/e 여행자

그러니 같은 의미의 단어 '한국인'을 표현할 때는 해당 인물이 남성인지 여성인지 단수인지 복수인지에 따라 각기 그 형태가 달라진다.

Io sono coreano.	나는 한국인(남)이다.
Tu sei coreana.	너는 한국인(여)이다.
Noi siamo coreani.	우리는(남 복수, 혹은 남녀 혼합) 한국인이다.
Loro sono coreane.	그들은 한국인(여성 복수)이다.

3 부정문

이탈리아어에서 부정문을 표현하기 위해서는 동사(구) 앞에 non을 놓으면 된다.

Sono coreano.	나는 한국인이다.
Non sono coreano.	나는 한국인이 아니다.
Io parlo italiano.	나는 이탈리아어를 한다.
Non parlo italiano.	나는 이탈리아어를 할 줄 모른다.
Mi alzo presto la mattina.	나는 아침에 일찍 일어난다.
Non mi alzo presto la mattina.	난 아침에 일찍 일어나지 못한다.

4 의문사

chi	누가
quando	언제
dove	어디서
che (cosa)	무엇
quanto	얼마나
come	어떻게
perché	왜

Chi è?	쟤 누구야?
È Marco.	마르코야.

Quando vai in Italia?

이탈리아에 언제 갈 거야?

Ci vado l'anno prossimo.

내년에 갈 거야.

Dove sei nato?

어디서 태어났니?

Sono nato a Seoul.

서울에서 태어났어.

Cos'è questo?

이것은 무엇입니까?

È un libro.

책입니다.

Quant'è?

얼마예요?

Sono dieci euro.

10유로예요.

Come stai?

어떻게 지내?

Sto bene.

잘 지내.

Perché mi hai chiamato?

왜 내게 전화했어?

Ti devo parlare.

말할 게 있어서.

1. 다음 물음에 이탈리아어로 답하세요.

1) Sei giapponese?

➡ ____

2) Di che nazionalità sei?

➡ ____

3) Di dov'è?

➡ ____

4) Lei è di Seoul?

➡ ____

5) Come si chiama Lei?

➡ ____

6) Come ti chiami?

➡ ____

7) Che cosa fa?

➡ ____

8) Che cosa fai in Italia?

➡ ____

9) Lei lavora qui in Italia?

➡ ____

10) Studia in Italia, Lei?

➡ ____

2. 밑줄 친 곳에 올바른 명사를 넣으세요.

1) I coreani parlano il _______________.

2) Gli americani parlano _______________.

3) Di che nazionalità siete? Siamo _______________.

4) Il plurale di casa è _______________.

5) Non siamo _______________. Siamo coreani.

3. 이탈리아어의 의문사를 활용하여 적절한 질문을 만드세요.

1) _______________________________________

È un libro.

2) _______________________________________

Sono libri.

3) _______________________________________

Sto bene.

4) _______________________________________

Si chiama Paolo.

5) _______________________________________

Sono a Roma.

6) _______________________________________

La capitale d'Italia è Roma.

7) _______________________________________

Sono due euro.

8) _______________________________________

Parto domani.

9) _______________________________________

Sono il Sig. Kim.

10) _______________________________________

Aspetto qui alla stazione un mio amico.

Che cosa è? / Che cosa sono?	무엇입니까? / 무엇입니까? (복수)
È un libro. / Sono libri.	책입니다. / 책입니다. (복수)
Chi è Lei?	누구십니까?
Io sono il Signor Kim.	저는 미스터 김입니다.
Dove sei adesso?	지금 어디에 있니?
Dov'è adesso?	지금 어디에 계세요?
Sono in Italia.	이탈리아에 있어요.
Quando parti?	언제 떠나?
Parto domani.	내일 떠나.
Qual è il plurale di 'libro'?	libro의 복수는 무엇입니까?
Il plurale di libro è 'libri'.	libro의 복수는 libri입니다.
Come stai?	어떻게 지내?
Sto bene.	잘 지내
Quant'è?	얼마예요?
Sono 10 euro.	10유로입니다.
Perché sei in Italia?	왜 이탈리아에 있니?
Sono in Italia per studiare moda.	패션 공부하려고 이탈리아에 왔어.
Di dov'è? / Di dove sei?	어디 출신입니까? / 어디서 왔니?
Sono italiano, di Roma.	전 이탈리아 로마 출신입니다.
Sono coreana, di Seoul.	전 한국 서울에서 왔습니다.
Di che nazionalità è, Lei?	당신의 국적은?
Sono coreano.	전(남) 한국인입니다.
Sono coreana.	전(여) 한국인입니다.
Di che colore è questo?	무슨 색입니까?
È bianco.	하얀색입니다.
È blu.	파란색입니다.

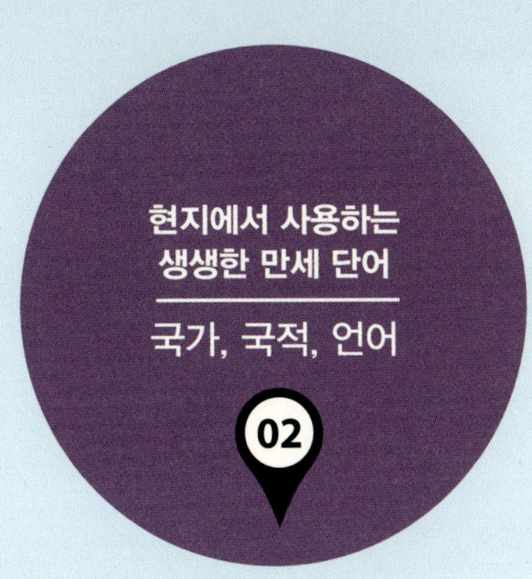

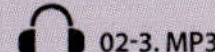

국가 (Nazioni)	국적 (Nazionalità)	언어 (Lingue)
Corea	coreano/i/a/e	coreano
Italia	italiano/i/a/e	italiano
America	americano/i/a/e	inglese
Inghilterra	inglese/i/e/i	inglese
Francia	francese/i/e/i	francese
Germania	tedesco/chi/a/che	tedesco
Spagna	spagnolo/i/a/e	spagnolo
Portogallo	portoghese/i/e/i	portoghese
Russia	russo/i/a/e	russo
Cina	cinese/i/e/i	cinese
Giappone	giapponese/i/e/i	giapponese
Canada	canadese/i/e/i	inglese, francese
Egitto	egiziano/i/a/e	arabo
Grecia	greco/i/a/che	greco
Messico	messicano/i/a/e	spagnolo
Svizzera	svizzero/i/a/e	fr., ted., it.

자연과 행정구역

"신비롭고로 두려운 활화산이 있어요"
Vulcani attivi

이탈리아는 지중해에 위치한 반도국으로서 유럽연합과 NATO의 회원국이다. 북으로 알프스가 있으며 프랑스, 스위스, 오스트리아, 슬로베니아와 국경을 접하고 있다. 서쪽의 티레노해, 동쪽의 아드리아 해, 남쪽의 이오니오 해가 나머지 국토를 감싸고 있다.

북서에서 남동에 이르는 아펜니니 산맥이 반도를 가로지르고 있고 파다나 평원, 타볼리에레 델레 풀리에 평원, 살렌티노 평원 등 국토의 4분의 1이 평야이다. 시칠리아와 사르데냐 이외의 수많은 섬들이 흩어져 있다. 최장 652킬로에 달하는 포강은 이탈리아의 젖줄이라 할 수 있으며 가르다 호수, 마조레 호수, 코모 호수 등은 북쪽에 위치해 있다. 종종 지진을 겪기도 하며 베수비오, 에트나, 스트롬볼리 등의 활화산을 가지고 있다.

이탈리아는 20개 주로 구성되어 있으며 괄호 안의 도시는 각 주의 주도(capoluogo)이다.

리구리아 LIGURIA (제노바GENOVA)

피에몬테 PIEMONTE (토리노TORINO)

발 다오스타 VAL D'AOSTA (아오스타AOSTA)

롬바르디아 LOMBARDIA (밀라노MILANO)

베네토 VENETO (베네치아VENEZIA)

트렌티노 알토 아디제 TRENTINO ALTO ADIGE (트렌토TRENTO)

프리울리 베네치아 줄리아 FRIULI VENEZIA GIULIA (트리에스테TRIESTE)

에밀리아 로마냐 EMILIA ROMAGNA (볼로냐BOLOGNA)

토스카나 TOSCANA (피렌체FIRENZE)

움브리아 UMBRIA (페루자PERUGIA)

마르케 MARCHE (안코나ANCONA)

아브루초 ABRUZZO (라퀼라L'AQUILA)

몰리세 MOLISE (캄포바소CAMPOBASSO)

라치오 LAZIO (로마ROMA)

캄파냐 CAMPANIA (나폴리NAPOLI)

바실리카타 BASILICATA (포텐차POTENZA)

풀리아 PUGLIA (바리BARI)

칼라브리아 CALABRIA (카탄자로CATANZARO)

시칠리아 SICILIA (팔레르모PALERMO)

사르데냐 SARDEGNA (칼리아리CAGLIARI)

Quanti anni hai?

나이가 몇이야?

- 소유형용사
- 명사구('소유형용사+명사') 앞의 관사
- 기본형이 -o인 규칙 형용사
- 기본형이 -e인 규칙 형용사
- 불규칙 형용사

Mario
Giovanni! Questo è Ginho, un mio amico coreano.
죠반니　　쿼스토　에 진호　　운 미오　아미코　　코레아노

Ginho
Ciao, sono Ginho. Piacere!
챠오　소노　진호　피아체레

Giovanni
Molto Piacere, Ginho! Ma tu lavori in questa città?
몰토　피아체레　진호　마 투 라보리　인 쿼스타　치타

Ginho
Sì, Faccio l'impiegato. Lavoro alla Ferragamo vicino a Piazza della
씨 파쵸　림피에가토　라보로　알라　페라가모　비치노　아 피아차　델라

Repubblica.
레푸블리카

Giovanni
Ah sì? Conosco il posto, perché abito proprio lì vicino.
아 씨　코노스코　일 포스토　페르케　아비토　프로프리오　리 비치노

Ma tu quanti anni hai, scusa? Sembri troppo giovane per lavorare.
마 투 콴티　안니 아이　스쿠자　셈브리　트로포　죠바네　페르 라보라레

만세
포인트

1　이 사람은 내 한국인 친구 진호야.
Questo è Ginho, un mio amico coreano.

이탈리아어의 명사는 남성 단·복수, 여성 단·복수의 네 종류로 구분된다. 이를 수식하는 형용사나 언급하는 지시사는 형태가 달라진다. 진호가 남성 단수이므로 지시대명사의 형태가 questo 이지만 이는 지시사물의 성수에 따라 questo/i/a/e로 변화된다. 명사를 수식하는 형용사 또한 그러한 변화를 겪는다. 따라서 예시 문장의 coreano는 amico를 수식하기 때문에 나타난 형태이며 피수식어의 성수에 따라 형용사 coreano는 coreani/a/e로 변화될 것이다.

2　몇 살이야?
Quanti anni hai?

나이를 묻는 표현에는 avere 동사가 사용된다. 하지만 잘 모르는 이에게 우리 식으로 뜬금없이 나이를 묻는 것은 실례이다. 분위기가 나빠지지는 않을지 잘 살펴서 써야한다.

Quanti anni hai? 몇 살이야?
Ho venti anni. 20세입니다.

Mario **Ha 30 anni come noi. Beato lui!**
아 트렌타 안니 코메 노이 베아토 루이

Giovanni **Non ci posso credere! Questo ragazzo ha**
논 치 포쏘 크레데레 퀘스토 라가초 아

proprio un viso da bambino.
프로프리오 운 비조 다 밤비노

마리오	조반니, 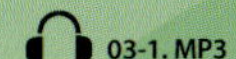 여긴 내 한국친구 진호야. [1]
진호	안녕, 난 진호야. 반가워!
조반니	반가워, 진화! 이 시에서 일하니?
진호	응, 회사 다녀. 레푸블리카 광장 근처의 페라가모에서 일해.
조반니	그래? 어디 있는지 나 알아, 내가 그 근처에 살거든.
	근데 미안하지만 몇 살이야? [2]
	일하기엔 너무 어린 것 같아서.
마리오	우리 같은 30세야. 쟤 복도 많지! [3]
조반니	믿을 수가 없군! 완전 어린아이 얼굴인데.

3 그는 복도 많아!

Beato lui!

부러움을 표할 때 쓰는 표현으로 Beato te! Beata lei! Beati loro! 등의 형태로 쓰인다. 행운을 지닌 대상이 누구인지에 따라 형용사 beato가 각기 꼬리 변형을 하고 있다.

Beato lui! 그는 복도 많아!

Beato te! 넌 행운아야!

questo/a/i/e	이것(의), 이 사람
amico	친구
coreano	한국인의 (형용사)
molto/i/a/e	많은 (형용사)
piacere	기쁨, 반가움
lavorare	일하다 (lavoro, lavori, lavora, lavoriamo, lavorate, lavorano)
questo/i/a/e	이 (형용사)
città	도시
l'impiegato	사원 (l'는 모음시작 남성 단수 명사 앞 정관사)
alla	전치사관사 (a+la)
vicino a	~근처에
piazza	광장
della	전치사관사 (di+la)
Repubblica	공화국
conoscere	알다 (conosco, conosci, conosce, conosciamo, conoscete, conoscono)
posto	자리, 장소
perché	왜냐하면
abitare	~에 살다 (abito, abiti, abita, abitiamo, abitate, abitano)
proprio	바로
lì	그곳에
vicino	가까운
quanto/i/a/e	얼마만큼의 (형용사)
anno	해, 년
scusa	실례지만
sembrare	~인 것처럼 보이다
troppo	너무
giovane	젊은
per	(영어의 for에 해당하는 전치사)
come	~처럼
beato	복된 (형용사)
potere	할 수 있다
crederci	~을 믿다
ragazzo	소년
viso	얼굴
bambino	아이

① 소유형용사

이탈리아어의 소유형용사는 수식하는 명사의 성과 수에 따라 각기 다른 형태로 수식한다. 아래
도표의 형태는 소유형용사로 쓰이기도 하고 소유대명사로 쓰이기도 한다.

남성단수	남성복수	여성단수	여성복수
mio	miei	mia	mie
tuo	tuoi	tua	tue
suo	suoi	sua	sue
nostro	nostri	nostra	nostre
vostro	vostri	vostra	vostre
loro	loro	loro	loro

Questa borsa è mia. 이 가방 내 거야.

Questa è mia borsa. 이거 내 가방이야.

② 명사구('소유형용사+명사') 앞의 관사

영어와 달리 이탈리아어에서 소유형용사를 포함한 명사구에는 관사가 출현하는 것이 일반적이다.

Il suo libro 그의 책 / **Le sue amiche** 그녀의 친구들

하지만 padre, madre, fratello, sorella, zio 등 가족 구성원의 명칭을 나타내는 단수 명사 앞에
서는 영어와 마찬가지로 소유형용사 앞 정관사가 생략된다. 그러나 복수명사 앞과 소유형용사
loro가 등장하는 단수명사 앞에서는 관사가 출현하여야 한다.

Mia madre / Mio padre / Mia sorella 내 어머니/아버지/누이

I miei genitori / Il loro padre 내 부모님/그들의 아버지

가족의 구성원을 나타내는 단수명사라 할지라도 접미사 붙인 애칭이나 형용사의 수식을 받는 경우에는 정관사가 등장한다.

Il suo fratellino	그의/그녀의 남동생
La mia sorellina	내 여동생
La mia amata sorella	사랑스런 내 여동생

접미사가 없더라도 애칭으로 간주되는 nonno, nonna, babbo, papa, mamma 등의 경우에는 관사의 생략이 가능한 쪽으로 변화하고 있다.

(Il) mio nonno / a	내 할아버지/할머니
(Il) mio babbo / (La) mia mamma	내 아빠/엄마

소유형용사가 명사 뒤로 오는 경우에는 관사가 생략된다.

Mamma mia!	세상에!
Sono in casa mia.	나 집에 있어.

③ 기본형이 –o인 규칙 형용사

수식하는 명사의 성수에 따라 -o/-i/-a/-e의 꼬리 변형을 한다.

명사	기본형이 -o인 형용사 (es. piccolo)
남성단수 (es. ragazzo)	-o (es. ragazzo piccolo)
남성복수 (es. ragazzi)	-i (es. ragazzi piccoli)
여성단수 (es. ragazza)	-a (es. ragazza piccola)
여성복수 (es. ragazze)	-e (es. ragazze piccole)

rose rosse   빨간 장미

occhi azzurri   푸른 눈

pizza buona   맛있는 피자

dottore famoso   유명한 의사

4 기본형이 -e인 규칙 형용사

수식하는 명사의 성수에 따라 -e/-i/-e/-i의 꼬리 변형을 한다.

명사	기본형이 -e인 형용사 (es. grande)
남성단수 (es. ragazzo)	-e (grande)
남성복수 (es. ragazzi)	-i (grandi)
여성단수 (es. ragazza)	-e (grande)
여성복수 (es. ragazze)	-i (grandi)

italiano facile   쉬운 이탈리아어

esercizi difficili   어려운 연습문제

mela grande   큰 사과

case grandi   큰 집

5 불규칙 형용사

형용사는 일반적으로 명사 뒤에 놓이게 되지만 아래처럼 형용사들이 명사 앞에서 수식하게 되는 경우에 불규칙적인 변형을 한다. 이들 전치수식 형용사들이 명사 뒤에 놓여 후치수식 형용사가 되면 명사의 성과 수에 따라 일정한 어미 변형을 하는 규칙 형용사가 된다. (예. buon bambino = bambino buono) 아래 불규칙 형용사와 관련해서는 12과 연습문제 3번을 풀어보세요.

1. buono ('좋은'): 부정관사처럼 변형

un	buon	es.) un giorno → buon giorno
uno	buono	es.) uno stomaco → buono stomaco
una	buona	es.) una ragazza → buona ragazza
un'	buon'	es.) un'amica → buon'amica (지금은 buona amica로 씀)

2. quello ('저것'), bello ('멋진, 아름다운'): 정관사처럼 변형

il	quel	bel	es.) il ragazzo → quel ragazzo	bel ragazzo
i	quei	bei	es.) i ragazzi → quei ragazzi	bei ragazzi
lo	quello	bello	es.) lo studente → quello studente	bello studente
gli	quegli	begli	es.) gli studenti → quegli studenti	begli studenti
la	quella	bella	es.) la ragazza → quella ragazza	bella ragazza
le	quelle	belle	es.) le ragazze → quelle ragazze	belle ragazze
l'	quell'	bell'	es.) l'amico → quell'amico	bell'amico bella amica

3. grande ('큰')

gran + 자음	es.) un gran giorno. una gran festa
grand' + 모음	es.) un grand'uomo.una grand'amica (지금은 una grande amica로 씀)
grande + s impura	es.) grande scrittore

4. Santo ('성')

Sant' (모음시작)	es.) Sant'Antonio. Sant'Elena
San (자음시작 남성)	es.) San Marco
Santa (자음시작 여성)	es.) Santa Maria
Santo (s impura 남성)	es.) Santo Stefano

 **1.** 괄호 속 형용사의 올바른 형태를 넣으세요.

1) Il cielo è (grigio).

→ ____

2) Sara è (magro e alto).

→ ____

3) Luisa è (allegro).

→ ____

4) Siete molto (gentile).

→ ____

5) Silvia è molto (bello).

→ ____

6) Sono studenti (intelligente).

→ ____

7) La porta è (chiuso).

→ ____

8) I coreani sono (simpatico).

→ ____

9) Ci vediamo la settimana (prossimo).

→ ____

10) I pantaloni sono (marrone).

→ ____

2. 다음 질문에 이탈리아어로 답하세요.

1) È tua questa borsa?

→ ____

2) Dove sono i tuoi genitori?

→ ____

3) Come è il vostro amico italiano?

➡ ____

4) Hai le mie fotografie?

➡ ____

5) Di chi è questa penna?

➡ ____

3. 명사구 내 형용사를 올바른 형태로 변형하세요.

1) gelato italiano

➡ ____

2) camicie bianco

➡ ____

3) verbo facile

➡ ____

4) esame importante

➡ ____

5) risposta giusto

➡ ____

6) amica sincero

➡ ____

7) albero verde

➡ ____

8) lezioni difficile

➡ ____

9) ragazze bravo

➡ ____

10) spaghetti lungo

➡ ____

Quanti anni hai?	나이가 몇 살이니?
Ho 20 anni.	20살이야.
Quanti anni ha Luigi?	루이지 나이가 몇이지?
Ha 30 anni.	30살이야.
Quanti ne hai, venti?	몇이야, 20살?
Ho venticinque anni.	25살이야.
Che lavoro fai?	무슨 일을 하니?
Sono studente/studentessa.	난 학생(남/여)이야.
Che lavoro fa, Lei?	당신은 직업이 무엇입니까?
Sono impiegato/a.	회사원(남/여)이에요.
Che cosa fa Mario?	마리오는 무슨 일을 하니?
Lui è architetto.	건축가야.
Qual è la sua professione?	그의 직업은 뭔가요?
È dottore.	의사입니다.
Qual è la tua professione?	직업이 뭐니?
Sono~	난 ~
~insegnante di coreano.	한국어 선생님이야.
~pianista.	피아니스트야.
~bancario/a.	(남/여)은행원이야.
~parrucchiere/a.	(남/여)미용사야.
~casalinga.	주부야.
~giornalista.	기자야.
~studente/studentessa.	(남/여)학생이야.
~infermiere/a.	(남/여)간호사야.
~segretario/a.	(남/여)비서야.
Che cosa studi all'università?	대학에서 뭘 공부(전공)해?
Studio~	난 ~을 공부해.
~ l'italiano.	이탈리아어를
~ la chimica.	화학을
~ l'architettura.	건축을
~ la gestione aziendale/l'economia.	경영학/경제학을

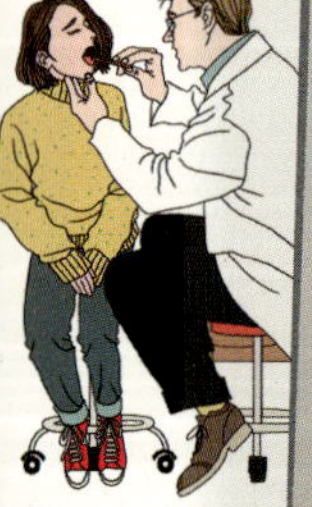

직업

operaio/a	작업자
gelataio/a	아이스크림 파는 사람
giornalaio/a	신문 파는 사람
benzinaio/a	주유소 사람
macellaio/a	정육점 사람
modello/a	모델
psicologo/psicologa	심리학자
cameriere/a	웨이터
cassiere/a	계산원
infermiere/a	간호사
parrucchiere/a	미용사
attore/attrice	배우

scrittore/scrittrice	작가
presentatore/presentatrice	사회자
direttore/direttrice	사장
autore/autrice	저작자
lavoratore/lavoratrice	노동자
pittore/pittrice	화가
studente/studentessa	학생
professore/professoressa	교수
dottore/dottoressa	의사
avvocato/avvocatessa	변호사

남녀 공통

giornalista	기자
elettricista	전기기술자
tassista	택시드라이버
barista	바리스타
farmacista	약사
stilista	디자이너
musicista	음악가

알아두어야 할 기초 형용사들

grande/piccolo	큰/작은
lungo/corto	긴/짧은
spesso/sottile	두꺼운/얇은
alto/basso	키 큰/키 작은
giovane/anziano	젊은/나이든
nuovo/vecchio	새로운/오래된
bello/brutto	잘생긴/못생긴
ricco/povero	부유한/가난한
grasso/magro	뚱뚱한/마른
interessante/noioso	흥미로운/지루한
facile/difficile	쉬운/어려운
bianco/nero	하얀/검은

"다른 형태, 같은 의미"
Forme diverse, significato analogo

이탈리아어는 굴절어로서 동일한 의미를 가진 단어의 꼬리가 변형을 한다. 이러한 범주에 드는 것들로는 명사, 형용사, 동사, 관사, 대명사가 있다. 그러니 이탈리아어에서는 단어의 형태가 대개 고정되어 있지 않고 언제나 변화 가능성을 지니고 있다. 예를 들어 감동의 무대를 선사한 가수에게 "잘한다!"는 의미로 "브라보!"라고 외치고 싶지만 정확한 이탈리아어로 제대로 말하려면 그 가수가 한 명인지 두 명 이상인지, 남성인지, 여성인지를 따져 보아야 한다. 성과 수의 개념이 늘 수반되어야 한다는 말이다. 칭찬해 주고자 하는 그 가수의 성과 수가 어떤 것이냐에 따라 각각 bravo (남성 단수), bravi (남성 복수), brava (여성 단수), brave (여성 복수)로 실현되기 때문이다. 따라서 이들 단어들이 조합되어 만들어지는 문장 또한 매우 유동적일 수밖에 없다.

이탈리아어를 제대로 말하려면 문장 내 단어들의 형태가 논리적으로 맞는 것인지를 잘 따져 보아야 한다. 언제부터인가 한국에서는 상품이나 상호의 이름, 간판 등에 이탈리아어를 붙이는 것이 유행이 되었는데 종종 이상한 이탈리아어들을 만나게 되는 것은 어려운 일이 아니다. 예를 들어 우리말이 다 된 '솔로'(solo, 홀로인 사람)는 이탈리아어의 개념으로 보면 남자 한 사람만을 가리키는 것이어서 solo (남성 단수), soli (남성 복수), sola (여성 단수), sole (여성 복수)로 변화되는 형태들 중의 하나일 뿐이다. 그런 의미에서 며칠 전 우연히 방송에서 듣게 된 걸그룹의 이름이 '밤비노'(bambino, 단수 남자아기)인 것은 좀 이상하다. 커피 체인점인 '카페베네'(caffébene)란 이름 또한 마찬가지이다. '베네'(bene '잘')란 부사가 명사인 카페(caffè)를 수식할 수 없기 때문인데, 고유명사로서의 베네(Bene)란 이름을 의미하려면 Caffè "Bene" 정도는 되어야 한다.

CAMPARI
Sei impegnato
questo sabato?
이번 토요일 바쁘니?

LEZIONE
4

- 부정관사
- 정관사
- 전치사관사
- di＋정관사
- 관사의 생략

Fabio	**A che ora ti alzi?**	아 케 오라 티 알치
Luca	**Mi alzo alle sette in punto.**	미 알초 알레 세테 인 푼토
Fabio	**A che ora fai colazione?**	아 케 오라 화이 콜라치오네
Luca	**Faccio colazione alle sette e mezzo circa.**	화쵸 콜라치오네 알레 세테 에 메조 치르카
Fabio	**Che cosa mangi a colazione?**	케 코자 만지 아 콜라치오네
Luca	**Di solito mangio riso, come anche negli altri pasti del giorno.**	디 솔리토 만죠 리조 코메 앙케 넬리 알트리 파스티 델 죠르노
Fabio	**A che ora esci di casa?**	아 케 오라 에쉬 디 카사
Luca	**Esco di casa alle otto. Il mio ufficio non è lontano da casa mia.**	에스코 디 카사 알레 오토 일 미오 우피쵸 논 에 론타노 다 카사 미아

만세 포인트

1 몇 시에 A che ora

시간을 물을 때는 Che ora è?/Che ore sono? 두 가지 표현을 쓸 수 있다. 이에 대한 대답으로 한시 대일 경우는 È l'una e venti(1시 20분입니다)와 같이, 두시 이상일 경우에는 Sono le due e venti(2시 20분입니다)와 같이 표현한다. È l'una (ora) e venti (minuti) 내지 Sono le due (ore) e venti (minuti)가 생략된 형태라 할 수 있다.

Che ore sono adesso? 지금 몇 시입니까?
Sono le dieci e venti. 10시 20분입니다.

2 몇 시에 집에 돌아와?
A che ora torni a casa?

'~시 입니다'와 다른 '~시에'의 표현에 유의하여야 한다. 따라서 "A che ora~?"의 물음에는 "~alle…"의 답이 되어야 한다.

A che ora torni a casa? 집에 몇 시에 돌아와?
Torno alle sette. 7시에 돌아와.

Fabio	**Torni a casa per pranzare?** 토르니 아 카사 페르 프란차레
Luca	**No, pranzo alla mensa con i colleghi.** 노 프란조 알라 멘사 콘 이 콜레기
Fabio	**A che ora torni a casa di solito?** 아 케 오라 토르니 아 카사 디 솔리토
Luca	**Torno a casa alle sette, a meno che non abbia** 토르노 아 카사 알레 세테 아 메노 케 논 압비아 **un appuntamento la sera.** 운 아푼타멘토 라 세라
Fabio	**Cosa fai dopo cena?** 코자 화이 도포 체나
Luca	**Guardo la tv oppure gioco con i bambini.** 과르도 라 티부 오푸레 죠코 콘 이 밤비니
Fabio	**Sei impegnato questo sabato?** 세이 임페냐토 퀘스토 사바토
Luca	**No, sono libero. Magari ci possiamo vedere.** 노 쏘노 리베로 마가리 치 포씨아모 베데레
Fabio	**Bene, Ti va di incontrarci verso le 4 al Duomo?** 베네 티 바 디 인콘트라르치 베르소 레 콰트로 알 두오모
Luca	**D'accordo. Ci vediamo sabato, allora!** 다코르도 치 베디아모 사바토 알로라
Fabio	**Ciao, a sabato!** 챠오 아 사바토

파비오	몇 시에 일어나? [1]	파비오	보통 몇 시에 집에 돌아와? [2]
루카	정확히 7시에.	루카	저녁 약속이 없다면 일곱 시쯤.
파비오	아침 식사는 몇 시에 먹어?	파비오	저녁 먹고 뭐하나?
루카	7시 반쯤.	루카	텔레비전 보거나 애들이랑 놀아.
파비오	아침에 무얼 먹는데?	파비오	이번 주 토요일 시간 없어? [3]
루카	다른 식사 때처럼 보통 밥 먹지.	루카	아니. 괜찮아. 그 날 얼굴 볼 수 있겠네.
파비오	집에서 몇 시에 나가?	파비오	좋아. 두오모에서 4시경에 만날까?
루카	8시에. 사무실이 집에서 멀지 않거든.	루카	좋아. 그날 봐!
파비오	점심 먹으러 집에 가?	파비오	안녕. 토요일에 (봬)
루카	아니. 회사 동료들이랑 식당에서 먹어.		

3 이번 토요일 바쁘니?

Sei impegnato questo sabato?

impegnato는 '바쁜'을 뜻하는 형용사이니 수식하는 명사의 성과 수 즉, 남성 단·복수, 여성 단·복수 여부에 따라 impegnato/i/a/e 등으로 굴절한다. libero/i/a/e 또한 마찬가지이다.

Sei impegnato questo sabato? 이번 토요일 바쁘니?
No, sono libero. 아니. 한가해.

---

alzarsi 일어나다 (재귀동사 mi alzo, ti alzi, si alza, ci alziamo, vi alzate, si alzano)

in punto 정확히

fare colazione 아침식사하다

circa 대략

mangiare 먹다 (mangio, mangi, mangia, mangiamo, mangiate, mangiano)

di solito 보통

riso 밥

altro 다른(것)

pasto 식사

del 전치사관사 (di il)

giorno 날, 일

uscire 나가다, 외출하다 (esco, esci, esce, usciamo, uscite, escono)

ufficio 사무실

lontano da ~에서 먼

tornare 돌아오다 (torno, -i, -a, -iamo, -ate, -ano)

pranzare 점심식사하다

mensa 사내(교내)식당

colleghi 동료 (collega의 복수형태)

a meno che ~하지 않는 한 (접속법동사 요구 표현)

abbia (avere 동사의 접속법변형 abbia, abbia, abbia, abbiamo, abbiate, abbiano)

appuntamento 약속

sera 저녁

dopo 후에

cena 저녁식사

guardare 보다 (guardo, -i, -a, -iamo, -ate, -ano)

giocare 놀다 (gioco-giochi-gioca-giochiamo-giocate-giocano)

con ~와 함께 (전치사)

bambini 어린아이 (bambino의 복수)

impegnato 바쁜

libero 자유로운

magari 혹시

potere 할 수 있다

vederci 서로 보다

ti va di~? ~하는 것 네게 괜찮겠어?

incontrarci (우리 서로) 만나다

verso ~경

d'accordo 동의해

① 부정관사

불확정성을 나타내는 명사 앞에는 다음 형태의 부정관사가 등장한다.

un	모든 불확정적인 남성단수명사 앞 (단, s+자음, x, z, gn, pn, ps 등으로 시작하는 명사 제외)
uno	s+자음, x, z, gn, pn, ps 등으로 시작하는 명사 앞
una	모든 자음으로 시작하는 여성명사 앞
un'	모든 모음으로 시작하는 여성명사 앞

In giardino c'è un cane. 정원에 (잘 모르는) 개 한 마리가 있다.

In aula c'è uno studente. 강의실에 (어떤) 학생이 있다.

Alla porta c'è una donna. 문 앞에 (잘 모르는) 여자 한 명이 있다.

Sul tavolo c'è un'aranciata. 테이블에 (어떤) 오렌지에이드 하나가 있다.

② 정관사

확정성을 나타내는 명사 앞에 다음 형태의 정관사가 등장한다.

단수정관사	복수정관사	환경	예
il	i	자음으로 시작하는 남성명사 앞(단, 's + 자음', z, gn, pn, ps 등으로 시작하는 남성명사 앞은 제외)	il libro → i libri
lo	gli	's + 자음', z, gn, pn, ps 등으로 시작하는 남성명사 앞	lo studente → gli studenti lo zio → gli zii
l'	gli	모음으로 시작하는 남성명사 앞	l'amico → gli amici
la	le	모든 자음으로 시작하는 여성명사 앞	la donna → le donne
l'	le	모든 모음으로 시작하는 여성명사 앞	l'amica → le amiche

In giardino c'è il cane.

정원에 (바로) 그 개가 있다.

I ragazzi sono bravi.

그 아이들이 똑똑하다.

In aula c'è lo studente.

강의실에 그 학생이 있다

Gli studenti sono in aula.

그 학생들이 강의실에 있다.

L'architetto Rossi è molto bravo.

건축가 로씨는 정말 훌륭하다.

Gli architetti sono bravi.

그 건축가들이 훌륭하다.

La chiave è in casa.

열쇠가 집에 있다.

Le chiavi sono in casa.

열쇠가 집에 있다.

L'aula è piccola.

강의실이 작다.

Le aule sono piccole.

강의실들이 작다.

3 전치사관사

전치사와 정관사가 만나면 다음의 전치사관사 형태가 생성된다.

	il	i	lo	gli	la	le	l'
di (of)	del	dei	dello	degli	della	delle	dell'
a (to)	al	ai	allo	agli	alla	alle	all'
da (from)	dal	dai	dallo	dagli	dalla	dalle	dall'
in (in)	nel	nei	nello	negli	nella	nelle	nell'
su (above)	sul	sui	sullo	sugli	sulla	sulle	sull'
con (with)	con il	con i	con lo	con gli	con la	con le	con l'
per (for)	per il	per i	per lo	per gli	per la	per le	per l'

Vado dal dentista.

난 치과에 간다.

Vengo dall'Italia.

난 이탈리아에서 온다.

Scrivo con la matita.

난 연필로 쓴다.

C'è un libro sul tavolo.

테이블 위에 책이 한 권 있다.

4 di + 정관사

전치사관사 형태들 중 'di+정관사'는 부정관사의 복수 개념, 즉 불확정적인 '몇몇의, 약간의'의 의미를 나타내는 요소로 쓰인다.

del	dei	dello	degli	della	delle	dell'

dei libri

몇 권의 책들

degli studenti

몇몇 학생들

degli amici

몇몇 남친들

delle amiche

몇몇 여친들

5 관사의 생략

관사 생략에는 여러 요인들이 복합적으로 작용하여 한마디로 정리할 수 없지만 다음의 경우에 생략이 일어난다.

1. 인명, 도시명 앞에서 생략

Chiamo Silvia.

실비아를 부를게.

Sono a Torino.

나 토리노에 있어.

2. 소유형용사+단수의 가족명칭 앞에서 생략

mia madre/nostro cugino   나의 어머니/우리 사촌

3. 월, 요일 앞에서 생략

Il corso inizia ad aprile.   그 과정은 4월에 시작해.

Parto lunedì.   월요일에 출발해.

4. 재료를 나타내는 보충어구에서 생략

un tavolo di legno   나무 테이블

5. 여러 관용어구들에서 생략

Vado in ufficio.   사무실에 가.

Siamo a casa.   우리 집에 있어.

di corsa	달려서
in fretta	서둘러
con gioia	기뻐서
trovare lavoro	일을 찾다
da bambino	어려서부터
opera d'arte	예술품

 **1.** 시간 표현에 유의하여 이탈리아어로 말하세요.

1) 몇 시 인가요?

➡ ____

2) 9시 반입니다.

➡ ____

3) 오후 4시입니다.

➡ ____

4) 4시 5분 전입니다.

➡ ____

5) 6시 15분입니다.

➡ ____

6) 저는 7시에 아침 식사를 합니다.

➡ ____

7) 우리는 9시에 학교에 도착합니다.

➡ ____

8) 저는 내일은 학교에 가지 않습니다.

➡ ____

9) 저는 보통 약속 10분전에 도착합니다.

➡ ____

10) 수업은 3시 15분 전쯤 끝납니다.

➡ ____

 **2.** 다음 질문에 답하세요.

1) A che ora ti alzi?

→ ____

2) A che ora fai colazione?

→ ____

3) Che cosa mangi a colazione?

→ ____

4) A che ora esci di casa?

→ ____

5) A che ora torni a casa?

→ ____

 **3.** 적절한 정관사와 부정관사를 넣으세요.

1) _______________ libro

2) _______________ casa

3) _______________ orologi

4) _______________ mano

5) _______________ albero

6) _______________ spagetti

7) _______________ giorno

8) _______________ sera

9) _______________ erba

10) _______________ pizza

Che ora è?	몇 시 입니까?
Che ore sono?	
È l'una.	1시입니다. (Sono le una의 표현도 가능)
È l'una e un quarto.	1시 15분입니다.
È l'una e mezzo.	1시 반입니다.
È l'una e venti.	1시 20분입니다.
È mezzogiorno.	낮 12시입니다.
È mezzanotte.	밤 12시입니다.
Sono le tre.	3시이다.
Sono le tre e dieci.	3시 10분이다.
Sono le tre meno dieci.	2시 50분이다.
Sono le tre meno un quarto.	3시 15분전이다.
Sono le cinque precise.	정확히 5시다.
Sono circa le tre.	약 3시이다.
Sono quasi le quattro.	거의 4시다.
A che ora ...?	몇 시에 ...?
La colazione è alle sette.	아침식사는 7시에 있다.
Pranziamo alle dodici e mezzo.	12시 반에 점심식사 한다.
Ceniamo alle otto.	8시에 저녁식사 하자.

1/2	metà
1/3	un terzo
2/3	due terzi
2016년 9월 1일	primo settembre duemilasedici
6+3=9	sei più tre fa/fanno nove
6−3=3	sei meno tre fa/fanno tre
6x3=18	sei per tre fa/fanno diciotto
6÷3=2	sei diviso tre fa/fanno due

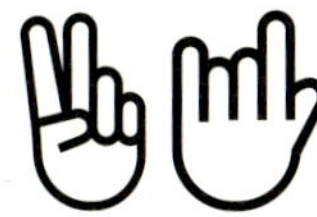

🎧 04-3. MP3

기수 (1-20)

1	uno
2	due
3	tre
4	quattro
5	cinque
6	sei
7	sette
8	otto
9	nove
10	dieci
11	undici
12	dodici
13	tredici
14	quattordici
15	quindici
16	sedici
17	diciassette
18	diciotto
19	diciannove
20	venti

기수 (21 이후의 수)

21	ventuno
22	ventidue
23	ventitre
24	ventiquattro
25	venticinque
26	ventisei
27	ventisette
28	ventotto
29	ventinove
30	trenta
31	trentuno
32	trentadue
38	trentotto
40	quaranta
50	cinquanta
60	sessanta
70	settanta
80	ottanta
90	novanta
100	cento
200	duecento
300	trecento
1,000	mille
2,000	due mila
10,000	dieci mila
100,000	cento mila
백만	un milione
이백만	due milioni
천만	dieci milioni
1억	cento milioni
10억	un miliardo

가족

"가족끼리 아주 끈끈한 정을 나눠요"
La famiglia in Italia

사람들은 흔히 이탈리아인들이 한국인과 기질이 비슷하냐고 묻는다. 대답은 "그렇다"이기도 하고 "아니다"이기도 하다. 삼면이 바다로 둘러싸인 반도국으로서 자연 환경이 비슷하고 지방색이 강하며 가족 중심적이고 다혈질인 점에서 우리와 비슷하지만 서구의 이성적 합리주의와 개인주의적 가치관, 종교관 등에서 차이를 보이기 때문이다.

이탈리아인에게 있어 가장 중요한 가치 중의 하나는 뭐니 뭐니 해도 가족이다. 얼마 전까지만 해도 이탈리아에서는 남자가 일하고 여성이 가사와 육아를 담당하는 전통적 가정 형태를 유지해 왔다. 하지만 전 세계가 획일화의 길을 걷고 있는 오늘날 경제적인 이유로 결혼이 쉽지 않고 맞벌이가 아니면 가정을 지탱하기 힘든 것은 우리와 마찬가지이다. 출생률 감소와 노인 문제 또한 우리와 비슷한데 부모 중 한 명만이 홀로 남게 될 경우 보통은 자녀 중 한 사람이 보살핀다. 자녀가 보살필 형편이 못될 경우에는 의료 시설을 갖춘 양로원(casa di riposo)에 맡긴다. 이탈리아는 유럽국 중에서도 가장 끈끈한 가족유대감을 갖는 나라로서 가족은 물론이고 친척과의 결속 또한 매우 중시한다. 크리스마스와 부활절 등 주요 축제와 세례일, 생일, 결혼기념일 등 각종 기념일에는 온 가족과 친지가 모두 모여 잔치를 벌인다.

전통적 가족관과 종교관의 영향으로 이탈리아는 이혼율이 낮은 국가이고 1970년 이후에야 비로소 법적으로 이혼이 가능해 졌다. 결혼하지 않고 동거하는 사실혼 관계의 커플도 많이 존재하는데 이 또한 다른 유럽국에 비해서는 그 수가 낮다고 할 수 있다. 이탈리아인들은 보통 결혼 전까지 부모에 의존하여 독립하지 않는 경우가 많은데, 부모들은 결혼하지 않은 자녀에 대해 미성년이란 인식을 갖고 있다. 이탈리아의 부모는 한국의 부모 못지않게 헌신적이다. 청년실업과 저임금으로 결혼 연령과 출산 연령이 점점 높아지면서 자녀의 독립 문제는 부모들의 또 다른 걱정거리이다.

Un Cappuccino e una brioche, per favore.
카푸치노 한 잔과 브리오쉬 하나 주세요.

LEZIONE
5

- 긍정명령
- 부정명령
- 재귀동사의 명령
- 조건법 동사로 주문하기

Commèsso **Buongiorno!**
부온죠르노

Serena **Buongiorno a Lei!**
부온죠르노　　아 레이

Commèsso **Prego!**
프레고

Serena **Un cappuccino e una brioche, per favore.**
운　카푸치노　에 우나　브리오쉬　페르 화보레

Commesso **Vuole accomodarsi al tavolo?**
볼레테　아코모다르씨　알 타볼로

Serena **No, grazie, mangio in piedi.**
노　그라치에　만죠　인 피에디

Commesso **Due euro e venti. Ecco lo scontrino e il resto.**
두에 에우로 에 벤티　에코　로 스콘트리노　에 일 레스토

Dica alla signora.
디카　알라　시뇨라

1 카푸치노 한 잔과 브리오쉬 하나 주세요.

Un cappuccino e una brioche, per favore.

바쁜 세상이니 "Vorrei~" 어쩌구 식의 긴 문장으로 주문할 필요 없이 간단히 원하는 것만 말하자. 대신 뒤에 '감사합니다' 정도는 붙여주는 것이 예의이다.

Mi dica! 말씀하세요! (주문 받을 때 하는 말)
Un caffè, grazie. 커피 주세요.

2 테이블에 앉으시겠습니까?

Vuole accomodarsi al tavolo?

이탈리아의 바에서는 보통 서서 마실 때와 앉아서 마실 때의 값이 다르다. 이탈리아에서 '카페'는 에스프레소 커피를 의미하고 홀짝 마시면 그만이므로 굳이 앉을 필요는 없다.

Vuole accomodarsi al tavolo? 테이블에 앉으시겠습니까?
Sì/No, grazie! 예/아니요. 고맙습니다!

Signora	**Buongiorno!** 부온죠르노	
Serena	**Un cappuccino e una brioche.** 운　카푸치노　에 우나　브리오쉬	
Signora	**Che brioche preferisce?** 씨 케　브리오쉬　프레페리쉐	
Serena	**Alla crema, per piacere.** 알라　크레마　페르　피아체레	
Signora	**Ecco a Lei.** 에코　아 레이	
Serena	**Grazie, mi può dare un bicchiere d'acqua?** 그라치에　미　푸오　다레　운　비키에레　다콰	
Signora	**Certo. Ecco a Lei.** 체르토　에코　아 레이	
Serena	**Scusi, posso andare un attimo al bagno?** 스쿠지　포쏘　안다레　운　아티모　알 바뇨	
Signora	**Sì, è a destra.** 씨　에 아 데스트라	
Serena	**Grazie.** 그라치에	

cappuccino 카푸치노
brioche 브리오쉬 빵
per favore 플리즈
volere ～하고 싶다 (voglio-vuoi-vuole-vogliamo-volete-vogliono)
accomodarsi 앉다
tavolo 테이블
mangiare 먹다
in piedi 서서
crema 크림
Ecco 여기에 ～있다
scontrino 영수증
resto 거스름돈
dica 말하세요 (dire 동사의 명령법 존칭형)
signora 아주머니
preferire 더 좋아하다
brioche alla crema 크림 브리오쉬
per piacere 플리즈
mi 나에게
potere ～할 수 있다 (posso, puoi, può, possiamo, potete, possono)
dare 주다
bicchiere 잔
acqua 물
certo 물론이죠
andare 가다
un attimo 잠깐
bagno 화장실
a destra 오른쪽에

점원	안녕하세요!
세레나	안녕하세요!
점원	말씀하세요!
세레나	카푸치노 한 잔과 브리오쉬 하나 주세요. [1]
점원	테이블에 앉으실 건가요? [2]
세레나	아니요. 서서 먹을게요.
점원	2. 20유로입니다. 여기 영수증과 잔돈입니다. 아주머니에게 말하세요.
아주머니	안녕하세요.
세레나	카푸치노와 브리오쉬 주세요.
아주머니	어떤 브리오쉬로 드릴까요?
세레나	크림 브리오쉬로요.
아주머니	여기 있습니다.
세레나	감사합니다. 물도 한 잔 주시겠습니까? [3]
아주머니	물론이죠. 여기 있습니다.
세레나	죄송하지만 화장실 잠깐 가도 될까요?
아주머니	네, 오른쪽에 있습니다.
세레나	고마워요.

3 물 한 잔 주시겠습니까?

Mi può dare un bicchiere d'acqua?

이탈리아에서는 물도 사서 먹어야 한다. 자연 물(acqua naturale)과 가스 물(acqua gassata)이 있는데 바에서 무료로 한 잔 마실 때는 수돗물(acqua del rubinetto)을 요청해도 된다.

Un bicchiere d'acqua naturale, per favore! 물 한 잔 주세요!
Ecco a Lei! 여기 있습니다!

1 긍정명령

인칭	am-are	ved-ere	sent-ire	fin-ire
tu	am-a	ved-i	sent-i	finisci
Lei	am-i	ved-a	sent-a	finisca
noi(~하자)	am-iamo	ved-iamo	sent-iamo	finiamo
voi	am-ate	ved-ete	sent-ite	finite

▶ 1인칭에 대한 직접 명령은 존재할 수 없음.

▶ 2인칭 단수에 대한 친근체/격식체 명령은 엄격히 구별하지만, 현대 이탈리아어에서 2인칭 복수(voi)에 대한 구별은 더 이상 하지 않음.

▶ 우리에 대한 명령은 결국 "~하자"란 뜻의 청유형태가 됨.

essere: sii-sia-siamo-siate

avere: abbi-abbia-abbiamo-abbiate

venire: vieni-venga-veniamo-venite

andare: va'-vada-andiamo-andate

fare: fa'-faccia-facciamo-fate

dare: da'-dia-diamo-date

stare: sta'-stia-stiamo-state

dire: di'-dica-diciamo-dite

친근한 이에게 직접 요청은 tu 사용

Mangia!   어서 먹어!

Chiudi la finestra, per favore!   창문 좀 닫아!

Telefonami!   전화 줘!

Da'retta a me!   내 말 좀 들어봐!

잘 모르는 이에게 직접 요청은 Lei 사용

Senta!/Scusi!   실례합니다!

Parli pure!/Mi dica!   말씀하세요!

Abbia pazienza!   참으세요!

Entri pure!   들어오세요!

복수의 상대에 관한 명령

Scusatemi!   실례합니다!

Venite qui!   이리들 오세요!

Abbiate pazienza!   인내를 가지세요!

State calmi!   진정들 하세요!

간접명령의 형태로 요청

Mi dài/dà un documento, per favore?   신분증 주시겠어요?

Mi passi/passa il sale, per favore?   소금 좀 줄래요?

Può chiudere la porta, per cortesia?   문 좀 닫아주실래요?

Le dispiace aprire la finestra?   창문 좀 열어도 괜찮을까요?

Mi sa dire come posso andare al Colosseo? 콜로세움 가는 길을 알려주실 수 있나요?

Venite a cena da me stasera?   너희들 오늘 저녁 식사 때 내 집에 올래?

 부정명령

인칭	**am-are**	**tem-ere**	**sent-ire**	**fin-ire**
tu	non amare	non temere	non sentire	non finire
Lei				
noi		non + 긍정명령 형태		
voi (Loro)				

Non abbiate paura!   겁내지들 마!

Non fumare/fumi tanto!   담배 많이 피우지 마세요!

Non bere troppo!   술 많이 마시지 마!

Non dirglielo!   그에게 그거 말하지 마!

Non andateci!   거기 가지들 마!

3 재귀동사의 명령

1. 긍정 명령

인칭	**alzarsi**	**mettersi**	**vestirsi**	**pulirsi**
tu	alzati	mettiti	vestiti	pulisciti
Lei	si alzi	si metta	si vesta	si pulisca
noi	alziamoci	mettiamoci	vestiamoci	puliamoci
voi(Loro)	alzatevi	mettetevi	vestitevi	pulitevi

Si accomodi! 　　　　　들어오세요/앉으세요!

Siediti!/Accomodatevi! 　　　앉으세요!

Mettetevi pure al tavolo! 　　식탁에 빨리들 앉으세요!

Lavati i denti tre volte al giorno! 　하루 세 번 이 닦아!

2. 부정 명령

2인칭 단수의 경우에만 'non + 동사의 원형'의 형태를 취하고(es. non lavarti, non riposarti …)
나머지는 긍정형과 동일한 변화형 앞에 부정어 non을 놓으면 된다.

Non alzarti/si alzi tardi! 　　늦게 일어나지 마(세요)!

Non alzatevi tardi! 　　　　늦게들 일어나지 마세요!

Non ti preoccupare/si preoccupi! 　걱정 마(세요)!

Non preoccupatevi! 　　　　걱정들 마세요!

4 조건법 동사로 주문하기

예의바르게 요청하고자 할 때는 조건법 현재 동사를 사용한다.

volere: vorrei-vorresti-vorrebbe-vorremmo-vorreste-vorrebbero

potere: potrei-potresti-potrebbe-potremmo-potreste-potrebbero

sapere: saprei-sapresti-saprebbe-sapremmo-sapreste-saprebbero

Vorrei un caffè. 　　　　커피 한 잔 주세요.

Potrei avere un po' di pane? 　빵 좀 주실래요?

Saprebbe dirmi dov'è la stazione? 　역이 어디인지 알려주실 수 있나요?

Mi darebbe un po' d'acqua? 　물 좀 주실래요?

1. 이탈리아어로 말하세요.

1) 커피 한 잔 주세요.

➡ ____

2) 카푸치노와 코르네토 빵 하나 주실래요?

➡ ____

3) 생 오렌지주스 한잔 주세요.

➡ ____

4) 물 한 잔 주실래요?

➡ ____

5) 화장실 잠깐 갈 수 있나요?

➡ ____

6) 죄송하지만 지나가도 될까요?

➡ ____

7) 미안하지만 들어가도 될까요?

➡ ____

8) 여기서 담배 피우지 마세요.

➡ ____

9) 이리 오세요.

➡ ____

10) 어서 먹어.

➡ ____

2. volere 동사의 조건법 형태를 넣어 문장을 완성하세요.

1) Io _______________ un toast con prosciutto e formaggio.

2) Lei _______________ un caffè macchiato. Per me un cappuccino, per favore.

3) Io _______________ un panino, per favore.

4) Tu _____________ qualcosa da bere?

5) Loro _____________ prendere solo un caffè.

3. 다음 표현을 이탈리아어로 옮기세요.

1) 앉으세요!

➡ ____

2) 앉아!

➡ ____

3) 들어와!

➡ ____

4) 들어들 오세요!

➡ ____

5) 담배 피우지 마!

➡ ____

6) 표 (보여주세요)!

➡ ____

7) 숙제 끝내!

➡ ____

8) 제게 이메일 주세요!

➡ ____

9) 말씀하세요!

➡ ____

10) 그에게 전화해!

➡ ____

카페 & 바

  05-2. MP3 **05**

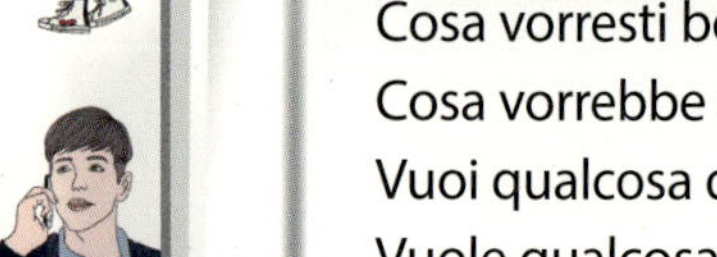

Cosa vorresti bere?	뭘 마시겠어요?
Cosa vorrebbe da bere?	
Vuoi qualcosa da bere?	뭐 마실래요?
Vuole qualcosa da bere?	
Vuoi qualcosa da mangiare?	뭐 드시겠어요?
Vuole qualcosa da mangiare?	
Cosa prendi?	무얼 드시겠어요/마시겠어요?
Cosa prende?	
Cosa prenderesti?	

Vorrei~   ~을(를) 먹을게요

   ~una brioche/un cornetto   코르네토
   ~un panino   파니노
   ~un tramezzino   샌드위치
   ~una focaccia   포카챠

Vorrei~   ~을(를) 한 잔 마실게요

   ~un cappuccino   카푸치노
   ~un caffè   카페
   ~un caffè decaffeinato   디카페인 카페
   ~un caffè d'orzo   대맥 카페
   ~un caffè freddo   시원한 카페
   ~un caffè con panna   거품 올린 카페
   ~un caffè americano   아메리카노
   ~un caffè macchiato   마키아토 카페
   ~un latte caldo   따뜻한 우유
   ~una spremuta d'arancia   생오렌지주스
   ~una tazza di tè con limone   레몬티 한 잔
   ~una cioccolata calda   핫초코
   ~un tè freddo   냉차
   ~una bottiglia d'acqua   물 한 병
   ~una pinta di birra chiara   500cc 정도의 맑은 색 맥주
   ~un bicchiere di vino bianco/rosso   화이트/레드 와인 한 잔
   ~una coca   코카 콜라

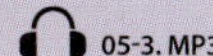

음식 (Da Mangiare)

brioches/cornetti	브리오쉬/코르네토
cornetto alla crema	크림 코르네토
cornetto alla nutella	초코 코르네토
torte	케이크
panini	파니니
snack	스낵
una fetta di torta	케이크 한 조각
tiramisù	티라미수
pizza al taglio	조각피자
patatine fritte	감자튀김

음료 (Da Bere)

caffè espresso	에스프레소 커피
caffè macchiato	카페 마키아토 (약간의 우유 첨가)
caffè decaffeinato	디카페인 커피
caffè corretto	카페코레토 (약간의 술 첨가)
caffè mocha	카페모카
caffellatte	카페라테
cappuccino	카푸치노
cappuccino decaffeinato	디카페인 카푸치노

latte macchiato	라테 마키아토 (약간의 커피 첨가)
espresso d'orzo	보리가루 탄 에스프레소
tè caldo	따뜻한 차
tè freddo	시원한 차
tè alla pesca	복숭아 맛 차
tè al limone	레몬 맛 차
cioccolata	초콜릿 음료
yogurt	요거트
succo di frutta	과일주스
spremuta d'arancia	생 오렌지주스
bevande analcoliche	비알콜음료
bevande alcoliche	알콜음료
acqua naturale	자연물
acqua gassata	가스물

"최고의 맛, 이탈리아 커피!"
Il caffè italiano

한국에 거주하는 이탈리아인이라고 해봐야 고작 수백 명에 불과하고, 중소기업 위주의 이탈리아 기업들이 한국에 진출하여 직원을 채용하는 일도, 우리나라 기업들이 이탈리아어 인재를 특별 채용해 가는 일도 거의 없어서 이 이탈리아어를 가지고는 먹고 사는 데 어려움이 참 많다. 그런데 우리나라 거리의 간판이나 상품 이름들에서는 이탈리아어가 대유행이다. 우리가 무심코 사용하고 있는 외국어 중에 이탈리아어 단어들이 꽤 많다. 쉬운 예로 요즘 한국의 커피전문점에서는 커피 이름들이 다 이탈리아어로 적혀 있다. 메뉴에 적힌 많은 종류의 커피들을 만들어내는 데 기본이 되는 커피는 단연 에스프레소(espresso) 커피!

그 탄생의 역사는 1884년으로 거슬러 올라간다. 안젤로 모리온도(Angelo Moriondo)라는 이탈리아인이 최초의 에스프레소 기계를 고안하여 토리노의 특허를 받은 것이 그 시초이다. 이 기계는 지금의 것과는 상당히 다른 것이었고 이름처럼 신속하게 커피를 만들어내지도 못했다. 이후 1901년 루이지 베체라(Luigi Bezzera)가 증기압력식 커피머신을 개발하여 본격적인 에스프레소 커피의 시대를 열었다. 하지만 베체라의 커피는 제조 시간이 이름처럼 짧아지긴 하였지만 너무 쓴 맛의 커피를 만들어 내는 단점이 있었다.

1905년 데지데로 파보니(Desidero Pavoni)는 물의 온도와 추출수 압력 간 실험을 통해 최적의 커피를 만들어내는 데 성공하였다. 그러나 진정한 의미의 에스프레소 커피머신은 1946년 아킬레 가지아(Achille Gaggia)에 의해 생겨나게 되었다고 할 수 있다. 레버를 통해 압력을 조절하는 피스톤식 커피머신을 개발한 것이다. 오늘날 커피 메뉴가 이탈리아어로 굳힌 것은 커피머신 개발에 기울인 이탈리아의 노력 때문이며, 이탈리아의 카페들에서 대표적으로 사용하고 있는 커피머신의 상표에 Gaggia의 이름이 붙여진 것도 그 이유 때문이다.

그 이후로도 커피머신은 수많은 개발과 변형을 거쳐 오늘에 이르는 데 에스프레소를 기본으로 응용하는 많은 종류의 커피들, 예컨대 카푸치노(cappuccino), 카페라테(caffellatte), 카페 마키아토(caffe macchiato), 카페 아메리카노(caffe americano) 등의 이름은 이제 우리의 생활 속에서도 생소하지 않다. 이탈리아 가정에서 사용하는 필수품 모카포트(caffettiera)는 1933년 알폰소 비아레티(Alfonso Bialetti)가 만든 것이다.

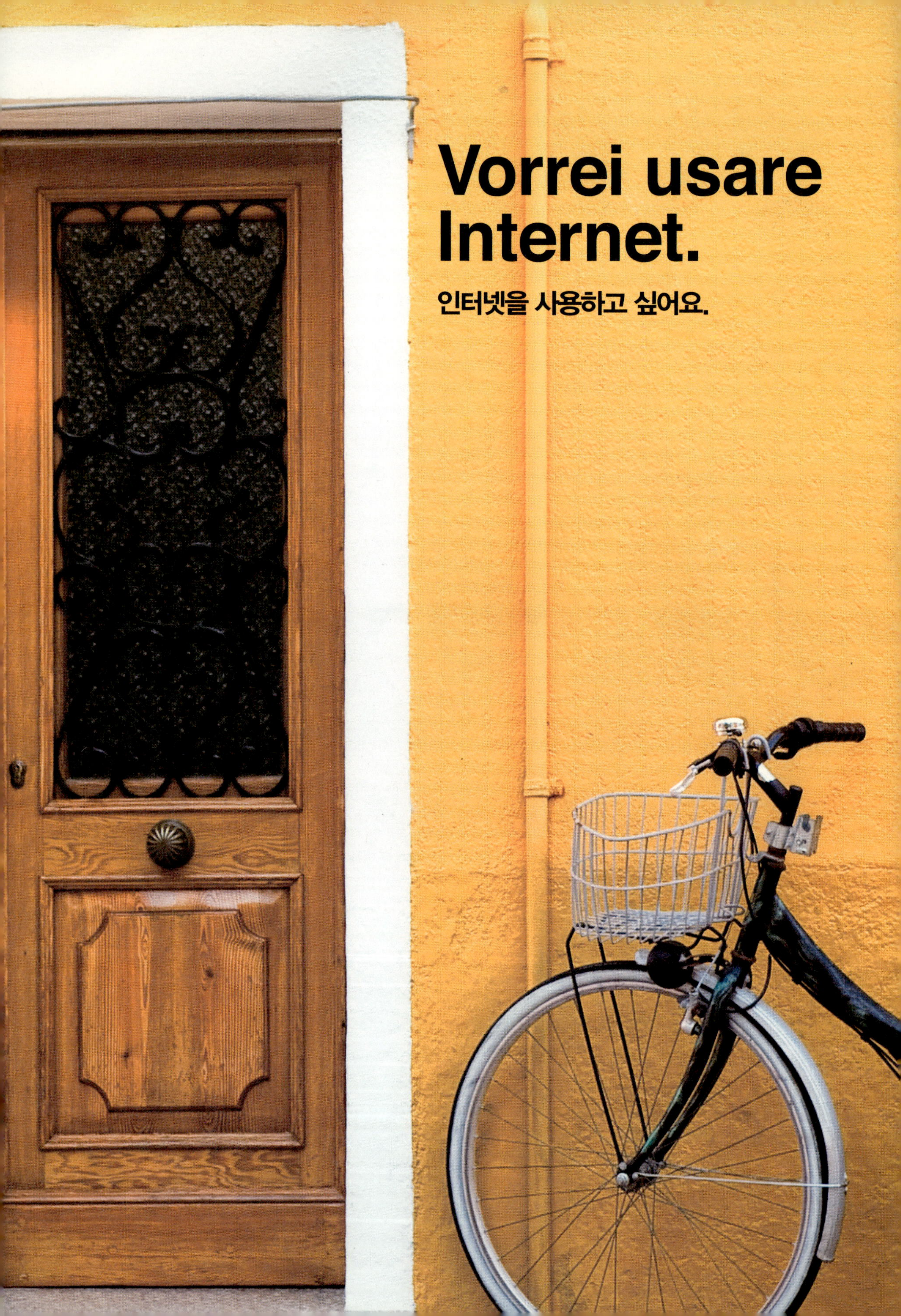
Vorrei usare Internet.
인터넷을 사용하고 싶어요.

LEZIONE
6

- 비인칭 "si"의 용법
- 직접목적어의 용법

Luca	**Buongiorno.** 부온죠르노
Commessa	**Buongiorno.** 부온죠르노
Luca	**Vorrei usare Internet.** 보레이 우자레 인테르넷
Commessa	**Sì, lo può usare al numero 5.** 씨 로 푸오 우자레 알 누메로 칭쿠에
Luca	**È disponibile anche la tastiera coreana?** 에 디스포니빌레 앙케 라 타스티에라 코레아나

만세 포인트

1 인터넷을 사용하고 싶어요.
Vorrei usare Internet.

희망이나 개인적인 의견을 완곡하고 겸손하게 말하려 할 때는 직설법 (본서 대부분의 표현은 직설법을 사용하고 있음)이 아닌 조건법 동사가 사용된다. Volere 동사의 조건법 현재 변형은 vorrei, vorresti, vorrebbe, vorremmo, vorreste, vorrebbero의 형태로 변형한다.

Vorrei usare Internet. 인터넷을 사용하고 싶어요.
Vorrei prendere un caffè. 커피 한 잔 할게요.

2 얼마인가요?
Quanto costa?

일반적 표현인 'Quanto costa?'는 'Quant'è?' 내지 'Quanto viene?'의 표현으로 대치할 수 있다. euro는 유로화를 나타내는데 1유로든 2유로든 단·복수에 상관없이 언제나 변화되지 않는 형태 euro를 유지한다.

Quanto costa? 얼마인가요?
Cinque euro all'ora. 시간 당 5유로입니다.

Commessa	**Certo.** 체르토
Luca	**Quanto costa?** 콴토 　　코스타
Commessa	**Cinque euro all'ora.** 칭쿠에 　에우로 　알로라
Luca	**Pago prima o dopo?** 파고 　프리마 　오 도포
Commessa	**Dovrebbe pagare prima dell'uso.** 도브렙베 　　파가레 　프리마 　델우조
Luca	**Sì può usare anche la stampante?** 씨 푸오 우자레 앙케 　라 스탐판테
Commessa	**Certo, ma deve pagare le pagine che stampa,** 체르토 　마 데베 파가레 레 파지네 케 스탐파 **se la usa.** 세 라 우자
Luca	**Ho capito, grazie.** 오 카피토 　그라치에

루카	안녕하세요.
점원	안녕하세요.
루카	인터넷을 사용하고 싶어요. [1]
점원	네, 5번 사용하시면 됩니다.
루카	한국어 자판도 되나요?
점원	물론입니다.
루카	얼마인가요? [2]
점원	시간 당 5유로입니다.
루카	선불인가요, 후불인가요? [3]
점원	선불입니다.
루카	프린터도 사용할 수 있나요?
점원	네, 사용하시면 인쇄 페이지를 지불하셔야 합니다.
루카	알겠습니다, 감사합니다.

volere ～하고싶다
usare 사용하다
Internet 인터넷
numero 수
disponibile 사용가능한
anche 또한
tastiera 키보드
lingua 언어
coreano 한국의
costare 값이 ～나가다
all'ora 시간 당
pagare 지불하다
prima 먼저
dopo 후에
dovrebbe (dovere 동사의 조건법 현재 3인칭 형태)
prima di ～전에
uso 사용
usare 사용하다
stampante 프린터
deve (dovere 동사의 직설법 현재 3인칭 형태)
pagina 페이지
stampare 인쇄하다
se la usa 그것을 사용하신다면
Ho capito 이해했다 (capire 동사의 근과거 1인칭 형태)

3 선불인가요, 후불인가요?

Pago prima o dopo?

'si+동사의 3인칭 단수형'은 '비인칭의 si'라고 하는 것으로 인칭을 특정하지 않는 표현이다. 'Paga 100 euro'는 그/그녀가 100유로를 지불한다는 뜻이지만 'Si paga 100 euro'는 그 누구라도 100유로를 지불한다는 비인칭의 의미이다.

Pago prima o dopo? 선불인가요, 후불인가요?
Si paga prima. 선불입니다.

1 비인칭 "si"의 용법

비인칭 si는 다음의 두 기능을 행사한다.

1. noi의 의미로 대치할 수 있다. 현재시제에서는 'si + 3인칭 단수형'의 형태로 표현하면 된다.

Si va in treno. (=noi andiamo in treno)　　기차로 간다.

Si parte? (=noi partiamo?)　　출발할까?

2. 특정 인칭을 지칭하지 않고 "일반인 누구라도"(uno, qualcuno, ognuno, tutti)의 의미를 가진다.

Non si mangia in questo locale.
(=Nessuno mangia in questo ristorante)　　이 식당에서는 아무도 안 먹는다.

Si è parlato di lei.
(=Tutti hanno parlato di lei)　　모두가 그녀에 대해 얘기했다.

Ci si trova bene in Italia. ('si si trova ➡ ci si trova')

(Ognuno si trova bene in Italia)　　모두 이탈리아에서 잘 지낸다.

2 직접목적어의 용법

이탈리아어에서 직접목적어(사람이나 사물)는 대명사로 대치될 수 있다.

사람을 대명사로 받을 때

mi (나를), ti(너를), lo/la/La(그를/그녀를/당신을), ci(우리를), vi(너희들을), li/le(그들을/그녀들을)

사물을 대명사로 받을 때

lo (남성단수명사), li (남성복수명사), la (여성단수명사), le (여성복수명사)

이미 언급된 명사(구)가 직접목적어 '~을(를)'에 해당된다면 이를 대명사로 대치하여 동사(구) 앞에 전접시킨다.

Guardo la luna.	달을 본다.
= La guardo.	그것을 본다.
Mangio gli spaghetti.	스파게티를 먹는다.
= Li mangio.	그것을 먹는다.

조동사가 개입되는 문장에서는 대명사를 동사구 앞에 전접하거나 본동사의 마지막 모음을 제거하고 후접한다.

Voglio vedere Massimo. = Lo voglio vedere. = Voglio vederlo.	그것을/그를 보고 싶다.
Lo posso fare. = Posso farlo.	그거 할 수 있다.
Ti devo controllare. = Devo controllarti.	널 체크 좀 해야겠어.

복합시제의 문장(19과의 근과거를 참조하기 바람)에서는 대명사와 과거분사의 어미 간에 일치가 이루어져야 한다.

Ho chiamato Maria.	마리아를 불렀다.
La ho chiamata. = L'ho chiamata.	그녀를 불렀다. (La ho → L'ho로 축약)
Ho incontrato gli amici di Marco.	마르코의 친구들을 만났다.
Li ho incontrati.	그들을 만났다. (Li ho의 복수형태는 축약 불가능)
Ho comprato le pizze.	피자들을 샀다.
Le ho comprate.	그것들을 샀다.

1. 다음을 이탈리아어로 옮기세요.

1) 컴퓨터 사용할 수 있나요?

➜ _______________________________________

2) 인터넷을 사용하고 싶어요.

➜ _______________________________________

3) 사용 가능한 컴퓨터가 있나요?

➜ _______________________________________

4) 프린트 할 수 있죠?

➜ _______________________________________

5) 시간 당 요금이 얼마인가요?

➜ _______________________________________

2. 비인칭으로 문장을 전환하세요.

1) La gente va in treno.

➜ _______________________________________

2) Nessuno fuma qui.

➜ _______________________________________

3) Non paghiamo niente.

➜ _______________________________________

4) Posso usare il computer?

➜ _______________________________________

5) La gente prende un caffè dopo pranzo.

➜ _______________________________________

 **3.** 직접목적 대명사를 써서 대답하세요.

1) Compri il pane?

→ ____

2) Mangi gli spaghetti?

→ ____

3) Conosci queste ragazze?

→ ____

4) Bevi la birra?

→ ____

5) Mangi la frutta dopo pranzo?

→ ____

6) Vuoi prendere un caffè'?

→ ____

7) Quando spedite il pacco?

→ ____

8) Dove incontri le tue amiche?

→ ____

9) Vuole un caffè?

→ ____

10) Prende questo?

→ ____

 **4.** 직접목적어를 동사구 뒤에 후접하세요.

1) Voglio vedere Maria.

2) Voglio salutare Maria.

3) Devo studiare l'italiano.

4) Posso vedere lo spirito.

5) Non posso vedere il libro.

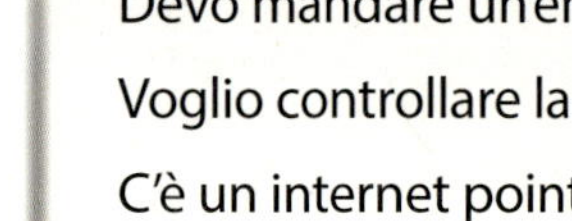

Devo mandare un'email.	이메일을 보내야 해요.
Voglio controllare la mia email.	이메일을 체크하고 싶어요.
C'è un internet point qui vicino?	가까운 곳에 인터넷 포인트가 있나요?
Devo fare alcune fotocopie.	복사를 해야 해요.
Vorrei usare Internet.	인터넷을 쓰고 싶어요.
C'è un computer disponibile?	컴퓨터 사용할 수 있나요?
Sì, usi quel computer.	예, 저 컴퓨터 사용하세요.
No, tutti i computer sono occupati, adesso.	아니요, 지금 모든 컴퓨터가 사용 중입니다.
Posso inviare un'e-mail?	이메일 좀 보낼 수 있나요?
Posso usare la stampante?	프린터를 사용할 수 있나요?
Certo, usi quel computer.	물론이죠, 저 컴퓨터 쓰세요.
Mi aiuti, per favore.	도와주세요.
Non riesco a stampare questo file.	이 파일을 인쇄할 수가 없어요.
Sembra che sia stato cancellato.	지워진 것 같아요.
Il computer si è bloccato.	컴퓨터가 멈추었어요.
L'immagine sullo schermo tremola.	화면이 흔들려요.
La connessione a Internet si è interrotta.	인터넷이 끊어졌어요.
Posso avere il tuo/Suo indirizzo email?	너의/당신의 이메일 주소 좀 줄래요?
Posso sapere il tuo/Suo indirizzo email?	
Mi dai il tuo/Suo indirizzo email?	
Il mio indirizzo è silvia@gmail.com.	내 주소는 silvia 키오쫄라 지메일 푼토 콤이야.
Scusami?/Mi scusi?	뭐라고/뭐라고요?
Può ripetere, per favore?	다시 말해주실래요?
Te lo ripeto/Glielo ripeto.	다시 말할게요.
Esse, i, elle, vu, i, a, chiocciola, gmail punto com.	에세, 이, 엘레, 부, 이, 아, 키오쫄라 푼토 콤.

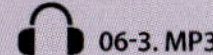

computer portatile	휴대용 컴퓨터
tablet	태블릿 컴퓨터
PC	퍼스널 컴퓨터
schermo	화면
tastiera	키보드
mouse/topo	마우스
monitor	모니터
stampante	프린터
disco rigido	하드 디스크
cavo	케이블 선
cartella	폴더
file	파일
archivio	문서보관함

password/ codice segreto	패스워드
rispondi	리플
nuovo messaggio	새 메시지
allegato	첨부
sito internet	인터넷사이트
carica/scarica	업로드/다운로드
connettersi	로그인하다
cliccare	클릭하다
disconnettersi	로그아웃하다
virus	바이러스
antivirus	안티바이러스
@ chiocciolina	골뱅이, 앳

bottone	버튼
cursore	커서
modem	모뎀
processore	CPU
email	이메일
account/conto	계정
indirizzo email	이메일 주소
nome utente	유저네임

ADSL	초고속 인터넷
back up	백업
finestra	창
installare	설치하다
icona	아이콘
collegamento	링크

"라틴어에 뿌리를 둔 이탈리아어"
L'italiano deriva dal latino volgare

오늘의 이탈리아어와 반도 내 수많은 방언들은 고대 로마제국의 언어인 라틴어에 뿌리를 두고 있다. 인도유럽어족의 한 언어였던 라틴어는 고대 로마의 라치오 지역에서 사용되던 언어로서 로마 기원(기원전 753년)의 언어였지만 이후 수천 년 동안 변화를 겪었다. 라틴어가 표준 문법을 갖게 된 기원전 1세기는 라틴어의 확립기인데 이 시대의 언어를 우리는 고전라틴어라 부른다. 고전라틴어는 문학의 언어이자 학교의 언어로서 이후 수 세기 동안 동일한 문법, 어휘, 문체를 재생산하는 표본이었다. 하지만 고전라틴어는 이후 유럽의 각 지역별로 변질, 분화되어 일군의 구어체 라틴어들인 로망스어를 탄생시키게 된다. 이탈리아 반도 내에서도 라틴어에 뿌리를 둔 여러 언어들이 존재하였는데 이 무리들을 우리는 속어 이탈리아어라 부른다.

광범위한 지역과 수 세기의 세월을 지배해온 라틴어는 글의 언어와 말의 언어가 달라질 수밖에 없었다. 문어인 고전라틴어와 구어인 속어라틴어들 사이에는 음, 형태, 문장, 어휘 등에서 차이가 현저하였다. 세월이 흘러 속어 이탈리아어가 우세하게 되었을 때도 문인들은 라틴어를 여전히 불멸의 문학어로 인식하여 문학과 학문의 언어로 라틴어만을 신봉하였다. 소수 지식인들을 제외한 일반 대중들이 더 이상 라틴어를 알지 못하게 되었을 때에도 사어 라틴어는 꾸준히 문어로서의 최고 자리를 유지하게 된다. 속어 이탈리아어 가운데 피렌체어가 대표 모델로서 거론되기 시작한 데에는 단테, 페트라르카, 보카치오의 역할이 지대하였다고 할 수 있다. 이들의 문학은 라틴어에 못지않은 '문학성'의 정수를 보여주었다고 평가되었다.

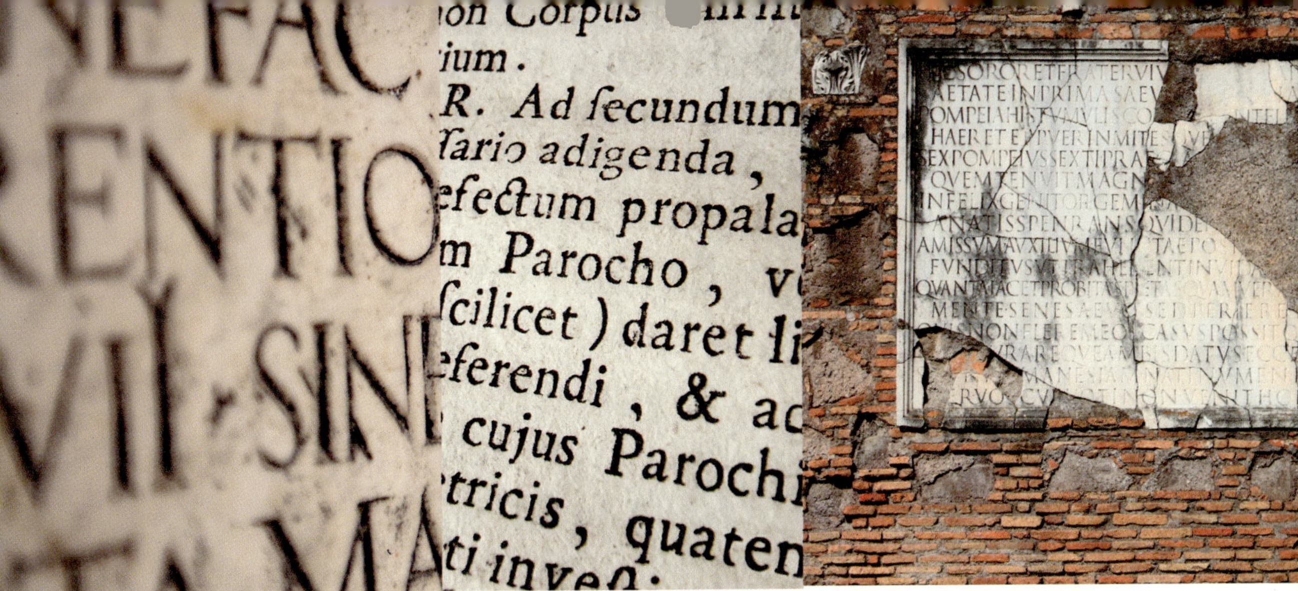

고전라틴어의 확립 과정이 그러하였듯이, 반도 내 어떤 속어가 이탈리아어의 문어 모델로서 적합한지의 문제를 두고 지식인들이 끊임없이 논쟁을 벌여 왔지만 그 해법은 결국 1300년대의 피렌체어로 결론이 났다. 따라서 오늘날 우리가 사용하는 이탈리아어는 바로 1300년대에 피렌체 사람들이 실제로 쓰던 말에 기반한 것이라 할 수 있다. 특이하게도 단테, 페트라르카, 보카치오의 옛 문어 모델이 이탈리아어의 형성에 있어 언어의 자연스런 변화를 제어하는 제동장치로서의 역할을 한 것이다. 수백 년이 지난 현 시점에서 이들의 언어를 보았을 때 그리 낯설지 않은 것은 바로 그러한 문화적 이유 때문이다.

하지만 문인들의 언어 논쟁들과 별개로 일반 대중들은 자신들의 지역 언어인 방언들을 사용하였다. 19세기 첫 통일이 되었을 때 이탈리아인들은 각기 동네마다 다른 언어를 사용하였고 서로 간에 의사소통이 안 될 정도의 상황이었다고 한다. 물론 현재는 학교 교육과 매스컴의 발달 덕택에 그러한 문제가 극복되긴 하였지만 이탈리아인들이 공통의 이탈리아어를 갖게 된 것은 얼마 되지 않는다.

Che tipo di libri
Le piacciono?
어떤 종류의 책을 좋아하시나요?

LEZIONE
7

- 간접목적 대명사
- "piacere" 동사류

Silvia — **Che cosa fa nel tempo libero?**
케 코사 화 넬 템포 리베로

Marco — **Niente di particolare.**
니엔테 디 파르티콜라레

Faccio una passeggiata di almeno un'ora quasi ogni giorno.
파쵸 우나 파세쟈타 디 알메노 운오라 콰지 오니 죠르노

Mi piace leggere libri, ma non trovo tempo durante i giorni lavorativi.
미 피아체 레제레 리브리 마 논 트로보 템포 두란테 이 죠르니 라보라티비

Silvia — **Che tipo di libri Le piacciono?**
케 티포 디 리브리 레 피아쵸노

Marco — **Mi piacciono i romanzi di fantasia.**
미 피아쵸노 이 로만지 디 판타지아

Silvia — **Che cosa fa il fine settimana?**
케 코사 화 일 피네 세티마나

만세
포인트

1 여가시간에 무엇을 하나요?
Che cosa fa nel tempo libero?

우리는 대개 '무얼 하느냐?'의 질문에 '아무것도 안해' 내지 '그냥 있어'라고 답하는 경향이 있다. 하지만 이탈리아어의 논리로 볼 때 살아있으면서 아무 것도 안할 수는 절대 없는 일이므로 그 뜻으로 말하려면 '특별히' (di particolare)란 수식어를 붙여 주어야 한다.

Che cosa fa nel tempo libero? 여가시간에 무엇을 하나요?
Niente di particolare. 특별히 하는 것 없습니다.

2 어떤 종류의 책을 좋아하시나요?
Che tipo di libri Le piacciono?

Che tipo di cucina Le piace? 어떤 류의 음식을 좋아하시나요?
Mi piace la cucina italiana. 이탈리아 음식 좋아합니다.

일반적인 이탈리아어 구문과 달리 '~을 좋아하다'란 동사는 '~에게 + 3인칭 동사 + 의미적 주어'의 형태로 사용한다. 그러니 Io piaccio la cucina italiana란 표현은 아예 존재하지 않는다.

Marco Vado in montagna con gli amici o gioco con
바도 인 몬타냐 콘 리 아미치 오 죠코 콘

i bambini.
이 밤비니

Silvia Quanti anni hanno i bambini?
콴티 안니 안노 이 밤비니

Marco Undici e sette.
운디치 에 세테

Silvia Sono tutti e due maschi?
쏘노 뚜띠 에 두에 마스키

Marco No, sono una femmina e un maschio.
노 쏘노 우나 펨미나 에 운 마스키오

Silvia Lei dev'essere proprio un padre modello!
레이 데베쎄레 프로프리오 운 파드레 모델로

Marco La ringrazio.
라 링그라치오

실비아 여가 시간에 무얼 하나요? [1]
마르코 특별한 것은 없습니다. 거의 매일 한 시간 정도 걷기는 해요.
책읽기를 좋아하지만 평일에는 시간이 없습니다.
실비아 어떤 종류의 책을 좋아하시나요? [2]
마르코 공상 소설을 좋아해요.
실비아 주말엔 무얼 하시나요? [3]
마르코 친구들과 산에 가거나 아이들과 놉니다.
실비아 아이들은 몇 살인가요?
마르코 11살, 7살입니다.
실비아 둘 다 남자아이인가요?
마르코 아니요, 하나는 남자, 하나는 여자아이입니다.
실비아 당신은 모범 아빠임이 확실해요!
마르코 감사합니다.

fare 하다	
tempo 시간	
libero 자유로운	
niente 아무것도 없음	
di particolare 특별히	
fare una passeggiata 산책하다	
almeno 적어도	
quasi 거의	
ogni giorno 매일	
piacere ~을 좋아하다	
leggere 읽다	
libro 책	
trovare 발견하다	
durante ~동안	
lavorativo 노동의	
giorni lavorativi 평일	
tipo 유형	
romanzo 소설	
fantasia 환상	
fine settimana 주말	
andare 가다	
montagna 산	
con ~와 함께	
amici 친구들	
giocare 놀다	
bambini 아이들	
anno 년, 해	
tutti e due 둘 다	
femmina 여자아이	
maschio 남자아이	
padre 아버지	
modello 모델	
ringraziare 고마워하다	

3 주말에 뭐하세요?
Che cosa fa il fine settimana?

'giocare'란 동사는 play의 뜻을 갖는데 'giocare a +스포츠명/놀이명'으로 쓰인다. 예를 들어 giocare a tennis, giocare a golf, giocare a pokemon go, gioco a poker처럼 쓰이고 있다.

Che cosa fa il fine settimana? 주말에 뭐하세요?
Gioco a calcio. 축구해요.

1 간접목적 대명사

간접목적대명사('~에게')는 다음의 두 형태로 표현될 수 있지만 보통은 전치사 없는 형태가 주로 쓰이며 이들은 동사 앞에 등장한다.

mi (a me)	나에게
ti (a te)	너에게
gli (a lui)	그에게
le (a lei)	그녀에게
Le (a Lei)	당신에게
ci (a noi)	우리에게
vi (a voi)	너희에게
gli (a loro)	그들에게

Ti do questo libro.	이 책 네게 줄게.
Gli spiego io.	그에게/그들에게 내가 설명할게.
Le pago un caffè.	그녀에게/당신에게 커피 한 잔 살게요.
Mi faccio portare un caffè.	커피 제가 가져올게요.
Ti voglio bene. (=Voglio bene a te.)	널 좋아해.

간접목적대명사는 직접목적대명사와 달리 복합시제 문장(19과 근과거 부분 참조)에서 과거분사의 어미에 영향을 미치지 않는다.

Non ti ho telefonato.	네게 전화 안했는데.
Le ho dato una rosa.	그녀에게 장미 한 송이를 주었다.

조동사를 동반한 동사구의 경우 전접이나 후접이 가능하다. 후접의 경우에는 마지막 모음을 떼어낸 후 바로 붙인다.

Non ti voglio parlare. = Non voglio parlarti.	네게 말하고 싶지 않아.
Le devo dire una cosa. = Devo dirle una cosa.	그녀에게 한 가지 말해야겠어.
Le posso chiedere una cosa? = Posso chiederLe una cosa?	당신께 한 가지 여쭤봐도 될까요?

 "piacere" 동사류

보통의 문장 구성처럼 주어가 동사 앞에 나타나지 않고 '~에게 + 동사 + 의미적 주어'의 구문을 형성한다. 이 구문에서는 3인칭 단수 내지 복수의 동사 변형 형태만이 사용된다.

piacere 좋아하다

piaccio-piaci-piace-piacciamo-piacete-piacciono

Mi piace la pizza.	피자를 좋아한다.
Mi piacciono le pizze.	피자들을 좋아한다.

andare 괜찮다

vado-vai-va-andiamo-andate-vanno

Ti va di prendere un caffè?	커피 한 잔 마실래?
Non ti va di uscire?	외출 안할래?
Non mi vanno gli spaghetti.	난 스파게티 좀 별로야.

mancare 부족하다

manco-manchi-manca-manchiamo-mancate-mancano

Mi manchi tanto.	너 많이 보고 싶다.

importare 중요하다

importo-importi-importa-importiamo-importate-importano

Non mi importa niente.	내게 전혀 중요치 않아.

interessare 관심있다

interesso-interessi-interessa-interessiamo-interessate-interessano

Non mi interessa.	나 관심 없어.

1. 다음 물음에 이탈리아어로 답하세요.

1) Cosa fai nel tempo libero?

➡ ______________________________

2) Le piace studiare italiano?

➡ ______________________________

3) A tua mamma piace la pizza?

➡ ______________________________

4) Che tipo di musica Le piace?

➡ ______________________________

5) Ti piace la cucina italiana?

➡ ______________________________

2. 간접목적대명사를 활용하여 다음 물음에 답하세요.

1) Quando telefoni a Silvia?

➡ ______________________________

2) Ti interessa di sentire le loro critiche?

➡ ______________________________

3) A loro bastano questi soldi?

➡ ______________________________

4) A te piace questo vino?

➡ ______________________________

5) Ti serve questo?

➡ ______________________________

3. 괄호 안 형태를 적절하게 변형하세요.

1) Mi (piacere) _________________ gli spaghetti.

2) Ragazzi, (a voi) _________________ offro qualcosa da bere?

3) Signor Rossi, (a Lei) _________________ voglio dire una cosa.

4) Gli (mancare) _________________ i soldi.

5) Mi (sembrare) _________________ di no.

4. 밑줄 친 곳에 적절한 간접대명사를 넣으세요.

1) Sara, _____________ voglio presentare mio fratello.

2) Ragazzi, _____________ potete spiegare ancora una volta?

3) Silvia, _____________ darei subito gli appunti.

4) Signor Kim, _____________ posso chiedere una cosa?

5) A Gino, _____________ piace la pizza.

6) _____________ dispiace tanto, ma non ti posso aiutare.

7) Non sai dov'è Maria? _____________ devo dire una cosa.

8) _____________ puoi prestare un ombrello?

9) Voglio comprarlo per il mio papà. _____________ regalerò al suo compleanno.

10) I genitori di Maria non _____________ permettono di uscire la sera tardi.

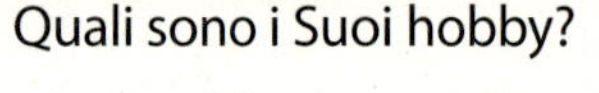

Quali sono i Suoi hobby?	취미가 뭔가요?
Che cosa fai durante il tempo libero?	여가시간에 무얼 하니?
Che cosa fa di solito il fine settimana?	주말에 보통 무얼 하시나요?
Cosa fa dopo il lavoro?	퇴근 후 무얼 하시나요?
Niente di particolare.	특별한 건 없어요.
Dormo.	잠 자요.
Disegno.	그림 그려요.
Mi vedo con gli amici.	친구들 만나요.
Faccio una passeggiata.	산책해요.
Leggo libri.	독서해요.
Gioco con videogiochi.	비디오게임 해요.
Navigo in Internet.	인터넷 봐요.
Leggo i fumetti.	만화책 봐요.
Ascolto la musica.	음악 들어요.
Vado in bici.	자전거 타요.
Guardo la tv.	티비봐요.
Vado spesso al cinema.	종종 영화관에 가요.
Faccio shopping.	쇼핑해요.
Vado al bowling.	볼링가요.
Gioco a videogolf.	스크린 골프해요.
Vado in montagna.	산에 가요.
Vado in palestra.	헬스장 가요.
Faccio lo sport.	운동해요.
Faccio il nuoto.	수영해요.
Gioco a calcio.	축구해요.
Gioco a tennis.	테니스해요.
Mi piace ascoltare musica.	음악듣기를 좋아해요.
Mi piace guardare film.	영화 보는 것 좋아해요.

allenatore	감독
commissario tecnico	트레이너, 코치
arbitro	주심
capitano	주장
attaccante	공격수
centravanti	중앙공격수
ala	측면공격수
centrocampista	미드필더
difensore	수비수
portiere	골키퍼
guardalinee	부심
gol	골
porta	문

calcio totale	토털 사커
fuorigioco	오프사이드
fallo	반칙
recupero	엑스트라 타임
primo tempo	전반전
secondo tempo	후반전
ammonizione	벌칙
campionato europeo	유럽 챔피언 대회
campionato mondiale	월드컵 챔피언 대회
club	구단
catenaccio	빗장수비
centrocampista	미드필더

rete	망, 골
assist	어시스트
autogol	자책골
panchina	벤치
area di rigore	골 에리어
calcio di rigore o rigore	패널티 킥
calcio di punizione	프리킥
calcio d'angolo	코너킥

Coppa	컵
cross	크로스
scoretezza	파울
tackle	태클
vantaggio	어드밴티지

음식

"피자와 파스타에 토마토가 빠질 수 없죠!"
Il pomodoro

피자에 꼭 필요한 재료인 토마토는 17세기 초 스페인 정복자들에 의해 페루에서 유럽으로 전해졌다. 당시에는 토마토를 요리에 절대 사용하지 않았는데 독이나 죽음과 관련된 루머 때문이었다. 토마토가 중요한 식재료로 인식된 것은 19세기 후반에 이르러서이다. 대표적 이탈리아 요리인 파스타와 피자에 토마토를 결합하는 것은 전형적인 이탈리아 요리법이지만 그것을 적용하기 시작한 것은 얼마 되지 않는다.

피자가 언제 생겨났는지 그 유래가 정확치 않지만 일반적으로 나폴리에서 만들어졌을 것으로 보고 있다. 18세기 말 포카치아 빵에 토마토소스, 올리브유, 소금 간을 하여 화덕에 구운 것이 오늘날 피자의 시초라 한다. 단순함의 아름다움 '마르게리타 피자' 이야기는 상식처럼 알려져 있다. 1889년 여름 나폴리 요리사 라파엘레 에스포지토라가 사보이아 왕가의 마르게리타 여왕의 간식거리로 토마토, 모차렐라 치즈, 바실리코(바질) 잎을 사용한 것이 시초이며 이탈리아 국기의 삼색을 떠올리며 만들었다는 것이다. 하지만 마르게리타 피자 조리법이 이미 그 이전 시기에 존재하였음을 여러 문헌들이 증명하고 있고 실제 이 피자의 형태 또한 마르게리타를 연상시키기에 충분하므로 잘못 전해진 이야기임이 판명되었다.

반면 이탈리아 파스타의 기원에 대해서도 여러 설이 분분하다. 고대 로마시대에 끈처럼 생긴 스파쿨리(spaculi)란 음식에서 스파게티라는 이름이 유래했다는 설, 로마 이전 시대의 한 에트루스키족 무덤 속에서 국수를 자르는 모습의 조각상이 있으므로 국수가 이미 오래 전에 생겨났다는 설, 아랍인들의 옛 요리책에 있는 국수 조리법이 시칠리아로 전해졌으며 이후 12세기경 팔레르모는 건면 제조의 중심지로서 이탈리아 내륙에 국수를 알렸다는 설, 1295년 마르코 폴로가 중국에서 베네치아로 들여왔다는 설 등이 그것이다. 어쨌든 파스타에 토마토를 첨가하기 시작한 것은 이탈리아의 나폴리였다. 과거 귀족들은 세 갈래 포크를 사용하였으나 서민들은 맨손으로 파스타를 먹었다고 한다.

Quale numero devo prendere per andare al Duomo?
두오모 가려면 몇 번 타야해요?

- 전치사
- 장소(~에)를 표현하는 전치사

Mina — Due biglietti dell'autobus, per favore!
두에 빌리에티 델라우토부스 페르 화보레

E mi dà anche una scheda telefonica da 10 euro?
에 미 다 앙케 우나 스케다 텔레포니카 다 디에치 에우로

Cassiere — Ecco a Lei.
에코 아 레이

Mina — Quanto costa il biglietto dell'autobus?
콴토 코스타 일 빌리에토 델라우토부스

Cassiere — 1 euro. Sono dodici euro in tutto.
운 에우로 쏘노 도디치 에우로 인 뚜또

Mina — Il biglietto vale anche per la metro?
일 빌리에토 발레 앙케 페르 라 메트로

Cassiere — No, per la metro deve comprare un altro biglietto.
노 페르 라 메트로 데베 콤프라레 운 알트로 빌리에토

1 버스표 두 장 주세요.
Due biglietti dell'autobus, per favore!

문장이 아닌 명사구의 형태로 사고자 하는 것만을 말하고 뒤에 per favore를 붙인다면 더욱 분명한 커뮤니케이션이 된다. Eccolo/li/la/le의 표현에서 뒤에 붙어 있는 형태들은 언급한 명사를 받아 대명사로 처리한 것으로 모두 '여기 있습니다'의 표현이다.

Due biglietti dell'autobus, per favore! 버스표 두 장 주세요.
Eccoli. 여기 있습니다.

2 10유로짜리 전화카드 한 장 주실래요?
Mi dà una carta telefonica da 10 euro, per favore?

"Mi dia una carta telefonica da 10 euro"와 같이 직접 명령형 대신 위와 같이 의문문의 형태로 요청한다면 더욱 부드러운 표현이 된다. 또한 '플리즈'의 의미로 쓰이는 'per favore'를 문 뒤에 첨가하는 것도 마찬가지이다.

Mina	**Ho capito. Quale numero devo prendere per** 오 카피또 콸레 누메로 데보 프렌데레 페르 **andare al Duomo?** 안다레 알 두오모
Cassiere	**Il sessantadue, credo. Ma chieda comunque** 일 세산타두에 크레도 마 키에다 코뭉퀘 **all'ufficio informazioni di fronte.** 알우피쵸 인포르마치오니 디 프론테
Mina	**Grazie, arrivederci!** 그라치에 아리베데르치

biglietto 표

dell' 전치사관사 (di+l')

autobus 버스

per favore 플리즈

mi 나에게

dia (dare 동사의 격식체 명령)

anche 또한

scheda 카드

telefonico 전화의

da 10 euro 십 유로짜리

costare 값이 나가다

in tutto 전부 해서

valere 가치가 있다

metro 지하철

comprare 사다

altro 또 다른

Ho capito 알겠습니다
(capire 동사의 근과거 1인칭 형태)

dovere ~해야한다

prendere 타다

credo 내 생각에

chieda 묻다 (chiedere 동사의 존칭 명령형)

comunque 어쨌든

ufficio informazioni 안내소

di fronte 앞에 있는

미나	버스표 두 장 주세요. [1] 그리고 10유로짜리 전화 카드도 한 장 주실래요? [2]
매표원	여기 있습니다.
미나	버스표는 얼마인가요?
매표원	1유로입니다. 총 12유로네요.
미나	버스표는 지하철에서도 사용 가능한가요?
매표원	아니요, 지하철 타려면 표를 따로 사셔야 합니다.
미나	알겠습니다. 두오모에 가려면 몇 번 타야해요? [3]
매표원	62번인 것 같아요. 어쨌든 앞에 있는 안내소에 물어보세요.
미나	감사합니다. 안녕히 계세요!

3 두오모 가려면 몇 번 타야해요?

Quale numero devo prendere per andare al Duomo?

조동사 (potere~할 수 있다, dovere~해야한다, volere~하고싶다 등)도 다른 모든 동사들처럼 자신의 변형을 가지고 있으니 조동사 다음의 동사는 원형의 형태가 되어야 한다. 또한 전치사 다음에 동사가 온다면 원형의 형태가 등장한다. 이는 문장 내 등장한 각 동사의 주어가 동일하기 때문이다.

1 전치사

이탈리아어의 전치사는 여러 용법으로 사용되어 한 마디로 정리하기는 어렵지만 대개 다음의
의미로 사용된다.

A

(간접목적어 ~에게)

Scrivo un'email a Mario.　　마리오에게 이메일을 쓴다.

(장소)

È a Milano/casa.　　그는 밀라노에/집에 있다.

È a trenta chilometri da Roma.　　로마에서 30킬로 거리에 있다.

(시간)

A domani/mercoledì/settembre.　　내일/수요일/9월에 봐.

(방식, 방법)

a cento chilometri all'ora　　시속 100킬로로

un cornetto alla crema　　크림빵

(동사 앞, ~하러)

Vado a fare la spesa.　　장보러 간다.

Vieni a prendermi a scuola?　　학교에 나 데리러 와줄래?

Andiamo a mangiare.　　밥 먹으러 가자.

(행위의 시작이나 계속)

Continua a studiare.　　그는 공부를 계속한다.

Comincia a piovere.　　계속해서 비가 온다.

DA

(~로부터)

Giovanni viene dall'Italia.　　조반니가 이탈리아에서 온다.

(~네)

Passo da Luisa/da te.　　루이자네/너네 집에 들를게.

DI

(지정)

È un professore d'italiano.　　이탈리아어 선생님이다.

È un amico di Silvia.　　그는 실비아의 친구이다.

(소유)

È la macchina di mia sorella.　　내 누나 차야.

(시간)

di notte/di sera　　밤에/저녁에

(주제)

Parliamo di politica attuale.　　현 정치에 대해 얘기합시다.

(재료)

È di seta.　　실크로 만든 거예요.

IN

(장소: 나라, 섬, 길, -ia 형 상점)

Sono in Italia/Sardegna.　　나 이탈리아/사르데냐에 있어.

Abito in via Dogok.　　난 도곡로에 산다.

Sono in banca/biblioteca/ufficio.　　난 은행/도서관/사무실에 있다.

Ci vediamo in pizzeria/gelateria/profumeria.　　피자집/아이스크림집/향수가게에서 만나자.

(시간)

in inverno/aprile

겨울에/4월에

nel 2016

2016년에

(수단)

in macchina/autobus/treno

차/버스/기차로

PER

per un anno/tanto tempo

1년간/오랫동안

partire per Bologna

볼로냐로 출발하다

FRA/TRA

Bologna si trova tra Milano e Roma.

볼로냐는 밀라노와 로마 사이에 있다.

Ci vediamo tra poco.

잠시 후에 봐요.

CON

Vive con i genitori.

부모와 함께 산다.

Vieni con me?

나랑 같이 갈래?

SU

Un fiore è sul tavolo.

꽃이 테이블 위에 있다.

Un libro sull'Antica Roma

고대 로마에 관한 책

andare	**a**	**al**	**in**	**da**	**dal**
	casa	cinema	ufficio	Giovanni	dottore
	cena	lago	banca	Maria	farmacista
vado vai va andiamo andate vanno	piedi	mare	città	lei	dentista
	teatro	ristorante	treno	lui	salumiere
	scuola	bar	autobus	me	barbiere
	mangiare	lavoro	farmacia	te	l'avvocato

Vado a scuola a piedi.

나는 학교에 걸어서 간다.

A mezzogiorno va al ristorante a pranzare.

그는 정오에 점심 먹으러 식당에 간다.

Andiamo in farmacia a prendere l'aspirina.

우리는 아스피린 사러 약국에 간다.

Ceniamo stasera da Gino.

지노네서 오늘 저녁 먹자.

Devo andare dal dentista.

난 치과에 가야한다.

1. 다음을 이탈리아어로 말하세요.

1) 버스 표 한 장 주세요.

➡ ____

2) 30킬로 티켓 두 장 주세요.

➡ ____

3) 10개비짜리 말보로 라이트 한 갑 주세요.

➡ ____

4) 10유로짜리 국제전화카드 하나 주세요.

➡ ____

5) 두오모로 가려면 어떻게 가나요?

➡ ____

2. 다음 물음에 이탈리아어로 답하세요.

1) Da dove vieni?

➡ ____

2) Dove vai dopo la scuola?

➡ ____

3) Cosa fai di solito la sera?

➡ ____

4) Dove vai quando hai un raffreddore?

➡ ____

5) Dove compri la frutta?

➡ ____

6) In quale stagione la gente va al mare?

➡ ____

7) A che ora vai a letto?

➡ ____

8) Quando sei nato/a?

➜ ____

9) C'è molta neve in Corea?

➜ ____

10) Perché studi l'italiano?

➜ ____

3. 밑줄 친 곳에 적절한 전치사 형태를 넣으세요.

1) Sono stanco, torno _______________ casa mia.

2) Ho un reffreddore forte. Vado _______________ medico.

3) C'è una penna _______________ tavolo.

4) Vengo _______________ te stasera.

5) Vado al mare _______________ riposarmi un po'.

6) Preferisco viaggiare _______________ treno.

7) _______________ chi è questa borsa?

8) Vado _______________ dentista questo pomeriggio.

9) Ceniamo _______________ me stasera.

10) Devo arrivare _______________ ufficio fino alle nove.

Posso avere~	~주실래요?
~un biglietto dell'autobus?	버스표 한 장
~due biglietti dell'autobus?	버스표 두 장
~un biglietto giornaliero?	일일권 한 장
Ecco a Lei.	여기 있습니다.
Ecco a te.	
Quanto costano?	얼마예요?
Quanto viene?	
Quant'è?	
2 euro e venti.	2. 20유로입니다.
Costano 2 euro e trenta.	2. 30유로입니다.
Vengono 2 euro e cinquanta.	2. 50유로입니다.
Grazie mille/Tante grazie.	감사합니다.
Grazie, arrivederci!	고맙습니다. 안녕히 가세요!
Grazie, buongiorno!	
Vorrei/Mi dia~	~주세요
~un pacchetto di sigarette	담배 한 갑
~un biglietto dell'autobus	버스표 한 장
~una marca da bollo/francobollo	증지/우표 한 개
~la mappa della città	도시 지도
~un accendino	라이터
~le cartoline illustrate	엽서
~il biglietto della lotteria	복권
~questo giornale	이 신문
~questa rivista	이 잡지
~un pacco di sale grosso/sale fino	굵은/가는 소금 한 팩

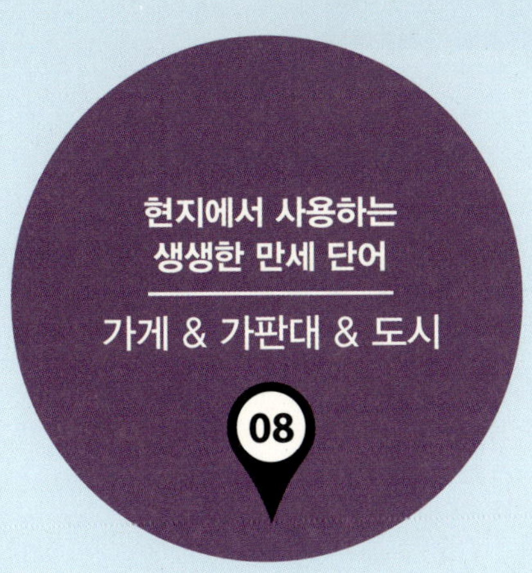

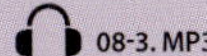

가게

negozio di antiquariato	앤틱숍
panetteria	빵집
salumeria	햄류 식품점
pescheria	생선가게
pasticceria	과자점
rosticceria	튀김요리 가게
libreria	책방
macelleria	정육점
cartoleria	문구점
sartoria	양복점

가판대

quotidiani	일간지
riviste settimanali	주간지
riviste mensili	월간지
riviste bimestrali	(2개월 마다 나오는) 잡지
prima pagina	첫 면
titolo	타이틀
occhiello	(언제, 어디서 등의 타이틀 옆) 소 정보
cronaca	기사
recensione	(예술, 문화 부문을 소개하는) 짧은 텍스트
intervista	인터뷰

negozio di calzature	신발가게
lavasecco	드라이크리닝
negozio di alimentari	식품점
dal calzolaio	구두수선집
dal fruttivendolo	과일가게
dal macellaio	정육점
dal pescivendolo	생선가게
dal salumiere	가공햄 가게
dal panettiere	빵 가게
dal fioraio	꽃집

도시

corso	대로
autobus	버스
fermata dell'autobus	버스정류장
strada principale	주 도로
parchimetro	주차미터기
marciapiede	인도
attraversamento	횡단
sottopassaggio	지하통로
piazza	광장
via	길

교육제도

"대학에 가려면 '마투리타'를 봐야 해요"
Il sistema educativo

취학 전 교육

유아원Asilo nido (0–3세)

유치원Scuola dell'Infanzia (3–6세)

초중고 교육

초등학교Scuola elementare (6–11세, 5년)

중학교Scuola media (11–14세, 3년)
학교에 따라 주당 30시간 혹은 36–40시간의 프로그램을 운영하며 이탈리아어, 역사, 지리, 수학, 과학, 기술, 영어, 제2외국어, 예술과 이미지, 스포츠과학, 가톨릭종교 등을 가르친다.

고등학교Scuola superiore (14–18세, 5년)
– 6개 유형 (전통고, 과학고, 언어고, 미술고, 예술고, 인문고)의 일반 고등학교Liceo
– 2개 유형 (경제 기술학교, 테크놀로지 기술학교)의 기술학교Istituto tecnico
– 2개 유형 (서비스 전문학교, 산업·수공업 전문학교)의 전문학교Istituto professionale
– 지방에서 운영하는 직업양성학교Istruzione e formazione professionale (IFP)는 4년

고교 후 선택 심화과정

고급기술양성과정Istruzione e Formazione Tecnica Superiore (IFTS–ITS) (19–21세, 2년)

대학 진학을 위한 고교 졸업 시험

마투리타Esame di maturità, esame di Stato

'볼로냐 프로세스'에 따른 새 고등교육과정

기초 라우레아Laurea 과정 (학사 3년)
심화 라우레아Laurea Magistrale 과정 (석사 2년)
도토라토Dottorato di Ricerca 과정 (박사 3–5년)

Mi può spiegare
come arrivarci?
그곳에 어떻게 갈 수 있는지 설명해 주질 수 있나요?

9

- 일반 조동사
- 조동사 essere
- 조동사 avere
- 조동사 essere와 avere 모두 사용가능한 표현들
- 현재와 완료과거의 차이

Ginho **Mi scusi, posso chiederLe una cosa?**
미 스쿠지 포소 키에데를레 우나 코자

Mi sa dire dov'è l'Hotel da Alberto?
미 사 디레 도베 로텔 다 알베르토

Mara **Sì, è in Via Garibaldi.**
씨 에 인 비아 가리발디

Ginho **Mi può spiegare come arrivarci?**
미 푸오 스피에가레 코메 아리바르치

만세 포인트

---

1 미안합니다만
Mi scusi

모르는 이에게 질문을 하기 전에 먼저 주의를 환기시키기 위해 사용하는 "저기요", "실례합니다"에 해당하는 표현이다.

Chiedo scusa/scusi!
Mi scusi!
Senta, scusi!

2 '다 알베르토' 호텔이 어디 있는지 아세요?
Mi sa dire dov'è l'Hotel da Alberto?

밑의 두 가지 표현으로 길을 물어볼 수 있다. 그러면 아래 대답처럼 길을 알려줄 것이다.

Mi sa dire dov'è~? ~에 있는지 알려주실래요?
Come posso andare a~? ~에 어떻게 갈 수 있나요?
Allora prosegua dritto e prenda la prima a sinistra/destra.
주욱 가서서 첫 번째 길 왼쪽/오른쪽 길로 가세요.

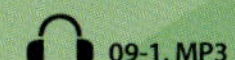 09-1. MP3

Mara
Certo, vada avanti per questa strada fino al
체르토　바다　아반티　페르　퀘스타　스트라다　피노　알

secondo semaforo, poi giri a destra in Via
세콘도　세마포로　포이　지리　아 데스트라　인　비아

20 Settembre.
벤티　세템브레

Prosegua dritto e prenda la prima a sinistra.
프로세과　드리토　에 프렌다　라 프리마　아 시니스트라

L'Hotel da Alberto è di fronte all'ufficio postale.
로텔　다　알베르토　에 디 프론테　알루피쵸　포스탈레

Ginho
Grazie dell'informazione. Buona giornata!
그라치에　델린포르마치오네　부오나　죠르나타

Mara
Di niente. Buona giornata!
디　니엔테　부오나　죠르나타

potere	～할 수 있다
chiedere	요청하다, 묻다
una cosa	한 가지
sapere	알다
dire	말하다
spiegare	설명하다
come	어떻게
arrivarci	그곳에 도착하기
andare	가다
avanti	앞으로
strada	길
fino a	～까지
secondo	두 번째의
semaforo	신호등
girare	돌아가다
a destra	오른쪽으로
proseguire	따라가다
dritto	똑바로
prendere	취하다
primo	첫 번째의
a sinistra	왼쪽으로
di fronte a	～ 앞에
ufficio postale	우체국
informazione	정보
giornata	하루 일과

진호　미안합니다만 [1] 한 가지 여쭈어 봐도 될까요?
'다 알베르토' 호텔이 어디 있는지 아세요? [2]
마라　네, 가리발디 가에 있습니다.
진호　그곳에 어떻게 가는지 설명해 주실 수 있나요? [3]
마라　물론이죠. 이 길로 두 번째 신호등까지 죽 가세요.
그다음 세템브레 20가에서 오른쪽으로 돌아서 직진 후 왼쪽 첫 번째 길이에요.
'다 알베르토' 호텔은 우체국 앞에 있습니다.
진호　알려주셔서 감사합니다. 좋은 하루 되세요!
마라　천만에요. 좋은 하루 되세요!

3　그곳에 어떻게 갈 수 있는지 설명해 주실 수 있나요?
Mi può spiegare come arrivarci?

'어떻게 그곳에 도착할 수 있는지' (come arrivarci)의 표현이 동사의 변형 없이 원형의 형태로 목적어 구를 형성하고 있다. 구 전체가 하나의 단어처럼 기능하고 있다.

Mi può spiegare come arrivarci? 그곳에 어떻게 갈 수 있는지 설명해 주실 수 있나요?
Non so come arrivarci. 어찌 갈 수 있는지를 모르겠어요.

1 일반 조동사

조동사는 본동사를 도와주는 동사로서 우리말의 '~하고 싶다', '~할 수 있다', '~해야 한다', '~할 줄 안다'와 같은 것들이다. 조동사 다음에는 원형동사가 온다.

	volere	potere	dovere	sapere
io	voglio	posso	devo	so
tu	vuoi	puoi	devi	sai
lui/lei/Lei	vuole	può	deve	sa
noi	vogliamo	possiamo	dobbiamo	sappiamo
voi	volete	potete	dovete	sapete
loro	vogliono	possono	devono	sanno

Voglio andare a casa.　　　　　　　　　집에 가고 싶어.

Non posso venire da te.　　　　　　　　네 집에 갈 수 없어.

Devo finire prima questo compito.　　　먼저 이 숙제 끝내야 해.

So suonare il pianoforte.　　　　　　　피아노 칠 줄 알아.

2 조동사 essere

1. 자동사의 복합시제에서

Sono andato in Sicilia quest'estate.　　이번 여름에 시칠리아에 갔었다.

Siamo rimasti fino a notte tarda.　　　밤늦게까지 남아있었다.

2. 수동태에서

Il palazzo è stato costruito nel 1980.

이 건물은 1980년에 지어졌다.

Il romanzo è/viene letto da tutti.

그 소설은 모두에 의해 읽혀진다.

Gli anziani vanno rispettati. Questo diritto è previsto dalla Costituzione.
(= Gli anziani devono essere rispettati.)

노인은 존중받아야 한다. 이는 헌법에 예견되어 있다.

3. 재귀동사의 복합시제에서

Si è lavato.

그는 씻었다.

Mi sono ricordato.

기억이 났다.

4. 비인칭 동사의 복합시제에서

Ha/È piovuto molto.

비가 많이 내렸다.

Ha/È nevicato molto.

눈이 많이 내렸다.

3 조동사 avere

1. 타동사의 복합시제에서

Ho mangiato la pizza.

피자를 먹었다.

Ho ricevuto un email da Marco.

마르코에게 이메일을 받았다.

2. 복합시제에서 avere를 취하는 몇몇 자동사들

Ho dormito bene.

잠을 잘 잤다.

Ho partecipato alla gara.

경기에 참가했다.

Sono stanco perché ho camminato troppo.   너무 걸어서 피곤하다.

Ho girato/corso.   돌아다녔다/뛰었다.

4   조동사 essere와 avere 모두 사용가능한 표현들

Ha vissuto una vita felice.   행복한 삶을 살았다.

È vissuto fino agli 80 anni.   80세까지 살았다.

Ha saltato per la gioia.   기뻐서 펄쩍 뛰었다.

È saltato l'incontro tra le due squdre.   두 팀 간 만남이 사라졌다.

Ho finito il lavoro.   일을 끝냈다.

Il lavoro è finito.   일이 끝났다.

Ho sceso le scale.   계단을 내려갔다.

I prezzi sono scesi molto.   가격이 많이 내려갔다.

Ha cominciato la lezione.   수업을 시작했다.

La lezione è cominciata.   수업이 시작되었다.

Ha cresciuto bene le bambine.   애들을 잘 키웠다.

È cresciuto molto.   아이가 많이 컸다.

Ho corso per 10 km.   10킬로를 달렸다.

È corso a casa.   그는 집으로 달렸다.

5   현재와 완료과거의 차이

Non vado mai al cinema.   난 극장에 가지 않는다.

Non sono andato/a al cinema.   난 극장에 가지 않았다.

Di solito mi alzo alle sette.

나는 보통 7시에 일어난다.

Ieri mi sono alzato/a alle sette.

난 어제 7시에 일어났다.

Alessio si addormenta in classe.

알레시오는 교실에서 잠이 든다.

Alessio si è addormentato a lezione.

알레시오는 수업시간에 잠이 들었다.

Torna sempre tardi, quando beve.

그는 술 마시면 늘 늦는다.

Oggi è tornato/a tardi.

그는/그녀는 오늘 늦게 돌아왔다.

Non si sbaglia mai.

그는/그녀는 절대 실수하지 않는다.

Finora non si è mai sbagliato/a.

지금까지 그는/그녀는 실수 안했다.

 **1.** 다음을 이탈리아어로 말하세요.

1) 저기요!

➡ ____

2) 한 가지 여쭈어 봐도 될까요?

➡ ____

3) 콜로세움에 어떻게 가는지 설명해 주실 수 있나요?

➡ ____

4) 콜로세움이 어디 있는지 알려주시겠어요?

➡ ____

5) 콜로세움에 어떻게 가나요?

➡ ____

6) 이 길로 가세요.

➡ ____

7) 50미터에서 우측으로 가세요.

➡ ____

8) 두 번째 신호등에서 좌측으로 가세요.

➡ ____

9) 거리가 머니 60번 버스를 타세요.

➡ ____

10) 되돌아 가셔야 해요.

➡ ____

 **2.** 밑줄 친 곳에 적절한 동사의 형태를 넣으세요.

1) Io (volere) _______________ parlare bene l'italiano.

2) Non puoi uscire stasera perché (dovere) _______________ lavorare.

3) (Potere) _______________ realizzare i propri sogni se li vogliono veramente.

4) Io (dovere) _______________ andare via.

5) So (suonare) _______________ il violino.

6) Si deve (avere) _______________ il passaporto per andare all'estero.

7) Non è facile (parlare) _______________ in una lingua straniera.

8) Non posso (camminare) _______________ più.

9) Non si può (fare) _______________ nulla.

10) Vado in biblioteca per (studiare) _______________.

3. 대명사를 사용하여 물음에 답하세요.

1) Vuole il pane?

➡ ____

2) Devi chiamare Silvio?

➡ ____

3) Quando puoi finire i compiti?

➡ ____

4) Quando volete visitare il museo?

➡ ____

5) Dove parcheggi la macchina?

➡ ____

길 묻기

 09-2. MP3 

09

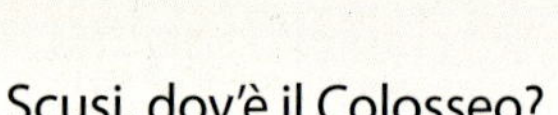

Scusi, dov'è il Colosseo?	미안한데요, 콜로세움이 어디에 있나요?
Scusi, mi sa dire dove si trova il Colosseo?	
Scusi, il Colosseo, dov'è?	
Scusi, come posso arrivare al Colosseo?	
Scusi, sto andando bene al Colosseo?	
Mi dispiace, non so neanch'io.	미안하지만 저도 몰라요.
Non lo so. Neanch'io sono di qui.	몰라요. 저도 여기 사람이 아니라서.
Deve proseguire fino all'incrocio e poi girare a sinistra.	사거리까지 쭉 가셔서 왼쪽으로 가세요.
Deve proseguire questa strada per trecento circa metri e poi girare a destra.	이 길로 300미터쯤 쭉 가서 그다음 오른쪽이요.
Per il Colosseo, si deve andare diritto fino al fondo, poi girare a destra.	콜로세움 가려면 저 끝까지 가서 오른쪽으로 가세요.
Grazie mille.	대단히 감사합니다.
Molte grazie.	
La ringrazio molto.	
Prego.	천만에요.
Di niente.	
Non c'è di che.	

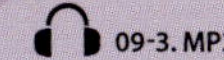

pedone	보행자
motociclista	오토바이운전자
autista	버스운전사
ciclista	자전거운전자
automobilista	자가운전자
vigile	교통경찰관

autobus	버스
taxi	택시
moto	오토바이
motorino	소형오토바이
tram	트램
bicicletta	자전거
furgone	소형화물차
camion	트럭

fermata	정거장
semaforo	신호등
strisce pedonale	보행자 표시
marciapiede	인도
incrocio	교차로

senso vietato	진입금지
senso unico	일방통행
divieto di sosta	주정차금지
parcheggio	주차
dare la precedenza	양보

"고기여 안녕!"
Il carnevale

나탈레(크리스마스)

이탈리아에서는 나탈레(Natale)라고 부르는 크리스마스 때 두 번의 중요한 식사가 있다. 크리스마스 이브의 저녁식사와 크리스마스 당일의 점심식사가 그것이다. '야윈 축제'라는 뜻의 '페스타 디 마그로(festa di magro)'로 불리는 크리스마스 이브의 저녁엔 가볍게 먹고 육류는 먹지 않는다. 과거에 육류는 부유한 귀족들이나 먹을 수 있는 음식이었다. 반면 크리스마스 당일의 점심은 육류와 케이크 등으로 차려진 풍성한 식탁이다. 고깃국과 삶은 고기, 닭 요리 카포네(cappone), 구운 고기 등이 식탁을 장식한다. 식사 후에는 크리스마스 케이크! 토스카나의 판포르테(panforte), 밀라노의 파네토네(panettone), 베로나의 판도로(pandoro) 등은 크리스마스 케이크의 상징이다.

카포단노(설날)

12월 31일의 저녁에는 '대단한' 저녁식사를 한다. 이때의 대표적 전통음식은 렌틸콩을 곁들인 잠포네(lenticchie e zampone) 요리이다. 잠포네는 돼지족발 안에 다진 고기를 넣어 쪄 낸 전통 요리로 촉촉하고 부드러운 맛이 일품이며 우리의 족발과는 차이가 있다. 이탈리아 사람들은 중남부의 전통음식인 렌틸콩이 작은 동전처럼 생겨 행운을 가져다준다고 믿는다. 카포단노(Capodanno)에 이것을 먹으면 다가올 1년 동안 돈 문제는 겪지 않는다고 여긴다.

파스콰(부활절)

파스콰(Pasqua)는 풍요를 상징하는 일반 서민의 축제로서 만물이 소생하는 봄 축제이다. 월력과 관련된 유일한 축제로서, 밤과 낮의 길이가 같아지는 춘분(3월 21일)이 지나고 보름달이 뜬 뒤에 맞이하는 첫 번째 일요일이 부활절이다. 이 부활절 축제는 예수가 사망하기 전 최후의 만찬을 베푼 목요일, 예수가 사망한 금요일, 예수의 부활을 기다리는 토요일, 예수가 부활한 일요일, 막달레나와 여인들이 무덤에서 사라진 예수의 시신을 찾아다니 천사가 나타나 예수의 부활 사실을 알려준 월요일까지로 이어진다. 부활절 다음날인 월요일을 파스퀘타(Pasquetta) 또는 천사의 월요일(Lunedì dell'Angelo)이라 부르는데, 이날 사람들은 산과 바다 등 야외로 나간다. 파스콰 전 일주일을 성 주간(Settimana santa)이라 부르며 성 금요일(Venerdì santo)에는 금식한다. 파스퀘타에는 겨울에 태어났던 양이나 염소 고기를 주로 한 식사를 한다. 이는 가축들에게 충분한 목초를 먹이기 위해 양이나 염소의 수를 줄이려는 과거의 전통에서 비롯되었다. 파스콰는 탄생 그리고 풍요의 축제로서 달걀이 그 상징이다. 파스콰에는 삶은 달걀과 비둘기 모양의 케이크인 콜롬바(Colomba pasquale)가 등장한다.

카르네발레(사육제)

라틴어 "Carne vale!"는 "고기여 안녕!"이다. 카르네발레는 일반 서민의 축제로서 파스콰 8주 전의 축제이다. 카르네발레의 시작과 끝인 '살찐 목요일'과 '살찐 화요일'엔 실컷 먹는다. 가을에 잡아 겨울 내 보존했던 고기, 특히 돼지고기는 기온이 상승해감에 따라 상할지도 모를 고기를 남김없이 먹어치워야 한다는 발상에서 시작되었다. 이후 속죄와 금식의 기간인 '콰레지마(Quaresima)'가 찾아온다. 콰레지마는 파스콰 준비를 위해 40일 간 참회하고 금식하는 기간으로서 하나님을 생각하면서 육욕을 억제하고 영적으로 강해지기 위한 기간으로 일종의 겨울 음식 해독기간이다. 콰레지마의 첫날인 "재의 수요일(Mercoledi delle ceneri)"에 사제들은 올리브 나무의 재로 사람들의 이마에 성호를 그으며 "너는 먼지이며 먼지로 돌아갈 것을 명심하라"고 말한다.

Avete una camera libera?
빈 방 하나 있나요?

Ginho
Buongiorno.
부온죠르노

Receptionis
Buongiorno, mi dica!
부온죠르노　　　미 디카

Ginho
Avete una camera libera?
아베테　우나　카메라　리베라

Receptionist
Singola o doppia?
싱골라　오 돕피아

Ginho
Doppia, per noi due.
돕피아　페르　노이　두에

Receptionist
Un attimo prego. Sì, ne abbiamo una. Quante notti volete restare?
운　아티모　프레고　씨　네　압비아모　우나　콴테　놋티　볼레테　레스타레

Ginho
Due notti, oggi e domani.
두에　놋티　오지　에 도마니

Receptionist
Benissimo. A che nome, scusi?
베니씨모　아 케　노메　스쿠지

만세
포인트

1 빈 방 하나 있나요?
Avete una camera libera?

C'è una camera singola/doppia? 싱글/더블 룸 있나요?
Sì, ce l'abbiamo. 예, 있습니다.

C'è~, Ci sono~는 영어의 there is~, there are~에 해당하
는 표현으로 단수 혹은 복수의 무엇이 있음을 나타내는 표현이다. 'ce
l'abbiamo'는 '그것을 갖고 있다'인데 두 문장 모두에 등장하고 있는 ci
는 허사로서 굳어진 표현처럼 사용되고 있다.

2 네, 방이 하나 있네요.
Sì, ne abbiamo una.

Prendi un caffè?/Sì, lo prendo. 커피 마실래?/응, 그거 마실게.
Avete una camera libera?/Ne abbiamo una.
빈 방 있나요?/하나 있어요.

첫 발화의 직접목적어인 '커피'를 그 다음 발화에서 대명사로 받아 표현하는 것은 일반
적인 일이다. 이탈리아어에서 직접목적어를 대명사로 처리할 경우 그 대명사는 동사 앞
으로 이동한다. 이 경우 첫 발화 속 커피 전체를 대명사가 백 프로 인수한다. 반면 여러
방들 중의 하나, 즉 전체가 아닌 부분만을 인수할 경우에는 'ne (전체 중에서) ... 숫자 (부
분)'의 형태로 표현한다.

Ginho	**Ginho.** 진호
Receptionist	**Ginho. Perfetto.** 진호　페르페토
Ginho	**Quanto viene la camera?** 퀸토　비에네　라 카메라
Receptionist	**Centosessanta euro per due notti, comprese** 첸토세산타　에우로 페르 두에　놋티　콤프레제 **le colazioni.** 레 콜라치오니
Ginho	**Mi scusi, quanto?** 미　스쿠지　콴토
Receptionist	**Centosessanta.** 첸토 세산타
Ginho	**Ho capito. Bene, La ringrazio. A dopo allora!** 오　카피또 베네　라 링그라치오 아 도포　알로라
Receptionist	**Prego, a stasera.** 프레고　아 스타세라

진호	안녕하세요
접수원	안녕하세요. 말씀하세요!
진호	빈 방 하나 있나요? [1]
접수원	싱글 룸, 아니면 더블 룸을 찾으시나요?
진호	우리 두 사람을 위한 더블 룸이요.
접수원	잠시만요. 네, 방이 하나 있네요. [2] 며칠 예약하시겠어요?
진호	오늘과 내일, 두 밤이요
접수원	좋아요. 어떤 이름으로요?
진호	진호요.
접수원	진호. 알겠습니다.
진호	가격이 얼마인가요?
접수원	아침식사 포함해서 이틀 밤에 160유로입니다.
진호	저기, 얼마라고요? [3]
접수원	160유로요.
진호	그렇군요. 감사합니다. 그럼 이따 뵐게요!
접수원	네, 저녁에 봐요.

mi 나에게			
dire 말하다			
camera 방			
libero 자유로운, 빈			
singolo 단일의			
doppio 이중의			
notte 밤			
restare 머무르다			
oggi 오늘			
domani 내일			
nome 이름			
perfetto 완전한			
venire 오다			
compreso 포함한			
colazione 아침식사			
bene 좋아요			
stasera 오늘저녁			
ringraziare 고마워하다			
a dopo 나중에 (봐요)			
allora 그럼			

3 저기, 얼마라고요?

Mi scusi, quanto?

상대방의 말을 잘 못 알아들었을 때 재차 말해달라고 요청하는 표현이다.

Quanto, scusi? 얼마라고 하셨죠?
Mi scusi? 뭐라고 하셨죠?
Come, scusi? 어떻다구요?

1 서수(1–20)

1°	primo
2°	secondo
3°	terzo
4°	quarto
5°	quinto
6°	sesto
7°	settimo
8°	ottavo
9°	nono
10°	decimo
11°	undicesimo
12°	dodicesimo
13°	tredicesimo
14°	quattordicesimo
15°	quindicesimo
16°	sedicesimo
17°	diciassettesimo
18°	diciottesimo
19°	diciannovesimo
20°	ventesimo
30°	trentesimo
50°	cinquantesimo
100°	centesimo

ne는 보통 앞 문장에서 언급된 명사를 대명사로 받되 그 전체가 아닌 부분을 인수할 때 사용하는 소사이다. 따라서 목적어 전체가 아닌 일부만을 인수할 때는 lo, la, li, le가 아닌 ne로써 전체를 인수하고 부분에 해당하는 수량을 문장 뒤에 언급하여야 한다.

Mangio gli spaghetti. = Li mangio.	스파게티 = 그것을 먹는다. (전체)
Compro due pizze e ne mangio una.	피자 두 개 사서 그 중 하나를 먹는다. (부분)
Quanti caffè hai preso oggi? Ne ho presi due.	오늘 커피 몇 잔 마셨어? 두 잔 마셨어.

③ 소사 ne의 용법

1. 대명사의 부분을 표현

Vuoi le mele?	사과 줄까?
Sì, ne prendo una/due.	네, 한 개/두 개 살게요.
Quanti fiori ti do?	얼마나 줄까?
Ne prendo uno/due.	한 개/두 개 주세요.

2. 'di+명사(사건, 사람)'를 대치

Quando parliamo di quel progetto?	그 계획에 대해 언제 얘기할까?
Ne parliamo dopo.	그것에 대해 나중에 얘기하자.
Mario non se n'è accorto.	마리오는 그 사실에 대해 몰랐다.

Mario è molto simpatico e tutti ne parlano bene.
마리오가 호감이 가는 사람이라고 모두가 그에 대해 말한다.

3. 'da/di+장소'(그곳으로부터)를 대치

È stato un brutto incidente, ma ne sono uscito vivo.
큰 사고가 있었지만 난 거기서 살아 나왔다.

4. 허사

Non me ne importa.   중요치 않아.

Non ne posso più.   더는 못하겠어.

Me ne vado.   나 갈게.

4 소사 ci의 용법

1. 장소(~에)를

Conosciamo Milano e ci andiamo spesso.   밀라노를 잘 알고 그곳에 자주 간다.

Vado in Toscana e ci rimango per un mese.   토스카나에 가서 그곳에 한 달 머문다.

Andate da Luigi? / No, non ci vado.   루이지네 갈 거야? / 난 거기 안 가.

Sul tavolo, ci ho messo un vaso di fiori.   테이블 위에, 거기에 꽃병을 놓았다.

2. 전치사구 보어를 대치

pensare a~

Penso spesso al mio futuro. = Ci penso spesso.
종종 내 미래를 생각한다.

parlare con~

Parlo con mia madre. = Ci parlo.
그녀와 얘기한다.

credere in~

Credi in Dio?   신을 믿어?

No, no ci credo.   아니, 안 믿어.

scommettere su~

Sono abbastanza sicuro, ma non ci scommetterei.
확신하지만 난 그것에 내기를 걸지 않겠다.

3. 허사 내지 관용적 표현

volerci, farcela, metterci, starci, ecc...

Ce l'ho./Non ce l'ho. 갖고 있어/없어.

Non ce la faccio più! 더는 못하겠어!

Non ci vedo bene. 잘 안 보여.

Lui ci sente poco. 그가 잘 못 들어.

Ci stai?/Non ci sto. 이해 잘하고 있니?/이해 잘 못했어.

Quanto tempo ci metti per arrivare a scuola? 학교 가는 데 얼마나 걸려?

Ci vogliono tre ore per arrivarci. 거기 도착하는 데 세 시간 걸려.

Provaci! 한번 해봐!

Non ci riesco. 못하겠어.

Non c'è posto. 자리 없어.

1. 다음을 이탈리아어로 말하세요.

1) 빈방 있나요?

➡ ____

2) 싱글 룸을 원합니다.

➡ ____

3) 이틀 묵을 겁니다.

➡ ____

4) 하룻밤에 얼마인가요?

➡ ____

5) 아침식사 포함가격 인가요?

➡ ____

6) 오늘 밤 우리 두 사람을 위한 방이 있나요?

➡ ____

7) 오늘부터 3일 밤 싱글 룸 예약 가능한가요?

➡ ____

8) 김의 이름으로 예약할게요.

➡ ____

9) 김의 이름으로 예약했습니다.

➡ ____

10) 아침은 7시부터 하실 수 있습니다.

➡ ____

2. 다음 질문에 답하세요.

1) Che tipo di camera vuole?

➡ ____

2) Per quanti giorni vuole prenotare?

➡ ____

3) Da quando Le serve?

➡ ____

4) Fino a quando vuole restare?

➡ ____

5) A nome di chi ha prenotato?

➡ ____

3. 대명사를 넣어 물음에 답하세요.

1) Vuole un caffè?

➡ ____

2) Metti lo zucchero nel caffè?

➡ ____

3) Quanti cucchiaini metto?

➡ ____

4) Quante pizze vuoi?

➡ ____

5) Non compri il pane?

➡ ____

6) Quanti grapoli d'uva vuole?

➡ ____

7) Quanti fratelli hai?

➡ ____

8) Quanti ne hai?

➡ ____

9) Vuoi una caramella?

➡ ____

10) Hai mangiato tutte le pesche?

➡ ____

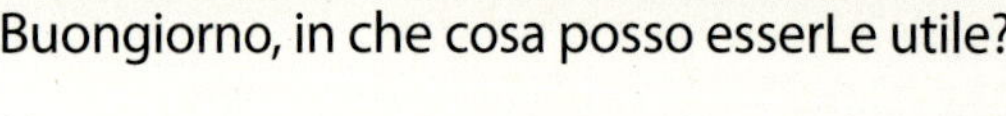

Buongiorno, in che cosa posso esserLe utile?	안녕하세요, 무엇을 도와드릴까요?
Ho prenotato una camera.	방을 예약했습니다.
A nome di chi?	어떤 이름으로요?
Ginho.	진호요

Vorrei una camera per tre giorni.	3일 간 사용할 방을 원합니다.
Che tipo di camera vuole, singola o doppia?	어떤 방 원하세요, 싱글 아니면 더블 룸?
Una singola/doppia.	싱글 룸/더블 룸이요.

Quanto si paga per una notte?	하룻밤에 얼마인가요?
Prenderò una singola/doppia.	싱글/더블 룸 할게요.
A che ora servite la colazione?	아침식사는 몇시에 하나요?
Dalle sette alle dieci.	7시부터 10시까지요.
Ecco la Sua chiave.	여기 방 열쇠입니다.
La stanza è la numero 22.	22번 방입니다.
Se ha bisogno di qualcosa, digiti zero e Le risponderà la reception.	뭔가 필요하시면 전화 0번을 누르세요.
Ok, grazie.	네, 감사합니다.

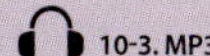
10-3. MP3

Prima colazione (아침식사)

caffè 에스프레소
  cappuccino 카푸치노
  caffellatte 카페라테
  tè 차
pane 빵
burro 버터
marmellata 잼
biscotti 비스킷
fette biscottate e miele 비스킷 조각과 꿀

Cena (저녁식사)

primo piatto 첫 번째 접시
  minestra con brodo e legume 수프
secondo piatto 두 번째 접시
  uova o formaggio 계란이나 치즈
  contorno di verdure 채소곁들임
  pane 빵
dessert 후식
  frutta 과일
  caffè 커피

Pranzo (점심식사)

antipasto 전채
  salumi affettati 슬라이스 돈육
  verdure sottaceto e sottolio
  식초올리브유에 절인 채소
primo piatto 첫 번째 접시
  pastasciutta 파스타
secondo piatto 두 번째 접시
  carne o pesce 고기나 생선
  contorni di verdura
  cruda o cotta 채소곁들임
  pane 빵
desert 후식
  dolce 과자
  frutta 과일
  caffè 커피

식사

"아무리 바빠도 저녁식사는 풍성하게 먹어요!"
Buon appetito!

이탈리아인들의 아침 식사는 매우 간단하다. 브리오쉬 혹은 코르네토라 부르는 가벼운 빵에 커피나 우유, 주스 한 잔 정도로 간단히 아침을 해결한다. 대개 단골 카페에서 아침식사를 하는데 이탈리아의 아침 거리는 그윽한 커피 향으로 가득하다. 이탈리아의 전통적인 점심 식사는 보통 전채요리(antipasto), 첫 번째 접시(primo piatto), 두 번째 접시(secondo piatto), 디저트(dolce), 커피 및 과일 등으로 구성된다.

첫 번째 접시는 주로 파스타인데 여러 면 중의 하나에 다양한 소스 중의 하나를 결합한 것이다. 예를 들어 스파게티 알레 봉골레(spaghetti alle vongole)는 얇고 기다란 스파게티 면에 모시조개 소스를 결합한 것이다. 탈리아텔레 알라 볼로네제(tagliatelle alla bolognese)는 얇고 넓적한 칼국수 면에 소고기 소스를 얹은 것이다. 두 번째 접시에서는 고기나 생선이 나오는데 삶은 채소나 샐러드에 곁들여 먹는다. 보통 일주일에 한 번 정도는 생선 요리를 먹는다. 한편 이탈리아의 식탁에서 빼놓을 수 없는 중요한 부분인 빵과 와인은 늘 등장한다. 두 번째 접시가 끝나면 달콤한 케이크나 비스킷으로 식사를 마무리 한다. 이탈리아인들에게 있어 식사 후 단 것은 꼭 있어야 할 당연한 것이어서 한국식에서 식후 '돌체'가 없는 것을 의아하게 생각하기도 한다. 이 모든 음식 후에 신선한 계절 과일과 커피가 식사의 마지막을 장식한다.

하지만 전통 이탈리아식으로 이 모든 것을 다 먹을 필요는 없다. 무한경쟁 시대의 현재 이탈리아는 이미 예전의 이탈리아적 여유를 완전히 잃었으며 그렇게 풍성한 점심식사를 하는 사람은 거의 없다. 현대 이탈리아인들은 이탈리아식 햄버거라 할 파니노 하나, 피자 하나, 첫 번째 접시 하나, 샐러드 한 접시와 빵 한 개 정토로 간단히 점심을 때운다. 하지만 이탈리아의 저녁식사는 여전히 풍성하다. 가족, 친구, 동네 사람들이 함께 저녁식사를 하며 정담을 나누는 모습은 예나 지금이나 변함이 없다. 저녁은 보통 8시 이후에 늦게 시작되는데 이탈리아의 저녁식사는 길고도 무거운 식사이다. 기본식사 외에 전채요리와 식사 전 음료(aperitivo) 그리고 식사 후 그라파(브랜디) 한 잔까지를 포함한다면 그야말로 거창한 식사가 될 것이다. 만약 누군가의 저녁 초대를 받는다면 길고도 무거울 식사자리에 대한 각오를 단단히 하여야 한다.

Qunato tempo ci vuole per arrivare alla Stazione "Termini"?
테르미니역까지 오는 데 얼마나 걸려요?

- 강조 표현
- si의 여러 기능
- 문맥 속 대명사의 활용

Paolo	Ehilà!
Carla	Ma guarda chi si vede! È da tanto che non ci vediamo.
Paolo	Eh sì, è vero. Sono a Roma per due settimane, e se ti va, possiamo vederci un giorno.
Carla	Naturalmente. Ma stai in un hotel?
Paolo	Sì, sono all'hotel Minerva. Tu abiti sempre nello stesso posto?
Carla	No. Abito fuori Roma, a Ciampino.
Paolo	Quanto tempo ci vuole per arrivare alla stazione "Termini"?
Carla	In treno ci vogliono venti, trenta minuti.

1 테르미니역까지 오는 데 얼마나 걸려?

Quanto tempo ci vuole per arrivare alla stazione "Termini"?

'시간이 ~걸린다'의 표현으로 'ci vuole~단수' 'ci vogliono~복수'의 형태로 표현한다.

Qunato tempo ci vuole per arrivare a Bologna?
볼로냐에 도착하려면 얼마나 걸려요?

Ci vogliono due ore. 두 시간 걸려요.

2 지금 바로 줄게.

Te lo do subito.

첫 발화의 직접목적어와 간접목적어는 두 번째 발화에서 모두 대명사로 처리하는 것이 일반적이고 또 경제적이다. "te② lo① do"는 원래 문장 "lo do (il numero di telefono di Enzo①) (a te②)"가 전환된 것이므로 동사 앞으로 이동된 대명사들은 원래 문장 대비 '미러 효과'를 나타내고 있다고 할 수 있다.

Hai il numero di telefono di Enzo? 엔초 전화번호 있어?
Sì, te lo do subito. 응, 바로 줄게.

Paolo	**Hai il numero di telefono di Enzo?**
Carla	**Certo! Te lo do subito. Il numero è**
	012-345-6789.
Paolo	**E mi dai anche il tuo indirizzo?**
	Ti mando una cartolina dalla Corea.
Carla	**Sì, il mio indirizzo è Via 4 Novembre, 135.**
	Me lo ripeti, per favore?
Paolo	**Ok, te lo ripeto. Via 4 Novembre, 135.**
Carla	**Perfetto! Allora quando verrai da me?**
Paolo	**Sarò da te tra qualche giorno. Ti chiamo**
	comunque.

파올로	에이!
카를라	아니 이게 누구야? 도대체 얼마만이야?
파올로	그러게. 나 지금 로마인데 2주 여기 있을 건데,
	너 괜찮으면 우리 한번 봐야지.
카를라	당연하지. 너 지금 호텔에 묵고 있는 거야?
파올로	응, 미네르바 호텔이야. 넌 지금도 같은 데 살아?
카를라	아니. 로마 외곽 참피노에 살아.
파올로	테르미니역까지 오는 데 얼마나 걸려? **1**
카를라	기차로 20-30분이면 가.
파올로	엔초 전화번호 갖고 있어?
카를라	그럼! 지금 바로 줄게. **2** 012-345-6789이야.
파올로	네 주소도 좀 줄래? 한국 가서 엽서 한 장 보내려고.
카를라	그래. 주소는 Via 4 novembre 135야. 다시 불러 볼래?
파올로	그래, 다시 말할게. Via 4 novembre 135.
카를라	맞아! 그럼, 너 언제 우리집에 올래?
파올로	며칠 후에. **3** 어쨌든 전화할게.

guardare 보다	
chi 누구	
si vede 보이다 (수동의 si)	
da tanto 오래전부터	
vero 진짜의, 진실한	
settimana 주	
se ti va~ 네가 괜찮다면	
vederci 서로 보다 (상호적 si)	
naturalmente 당연히	
stare 있다	
hotel 호텔	
abitare 거주하다	
stesso 같은	
posto 곳	
fuori 밖에	
ci vuole~/ci vogliono~ 걸리다	
arrivare 도착하다	
stazione 역	
bastare~ 충분하다	
treno 기차	
numero 번호	
telefono 전화	
te lo dò 네게 그것을 주마	
subito 곧바로	
indirizzo 주소	
mandare 보내다	
cartolina 엽서	
ripetere 반복하다	
passare 들르다	
da me/te 나에게/너네 (집, 사무실)	
tra qualche giorno 며칠 후에	

---

3 며칠 후에.

Sarò da te tra qualche giorno.

"sarò"는 essere 동사의 미래 1인칭 단수변형이다. "da te"는 '네 집에, 네 사무실에' 등 네가 있는 곳이다. "잠시 후에"는 "tra poco", "며칠 후에"는 "tra qualche giorno" 등으로 표현한다.

Sarò da te tra qualche giorno. 며칠 있다가 너 있는 곳으로 갈게.

1 강조 표현

문장 내 어떤 성분들을 강조하기 위해 종종 한 구성성분들이 원 위치를 떠나 다른 곳으로 이동한다.

1. È~che 유형(분할문)

Non ci vedevamo da tanto tempo.

→ È da tanto tempo che non ci vediamo.　　　우리 못 본지 오래다.

Tu hai ragione.

→ Sei tu che non hai ragione.　　　옳지 않은 것은 너다.

Ti aspetta un regalo.

→ È un regalo che ti aspetta.　　　널 기다리는 건 선물이다.

2. 강조요소+대명사 복원의 유형 (좌향이동)

Ho sentito quello che hai detto.

→ Quello che hai detto, l'ho sentito.　　　네가 말한 것 그거 들었다.

A Roma, ci andrai, questo inverno?　　　이번 겨울 로마 거기에 갈거야?

Angela, la vedrai domani.　　　안젤라, 그녀를 내일 보게 될 거야.

Il violino, l'ho cominciato a studiare.　　　바이올린을 공부하기 시작했어.

A Maria, le ho parlato ieri.　　　마리아에게 어제 말했어.

La birra, non la bevo mai.　　　맥주는 안 마셔.

Caramelle, non ne voglio più.　　　사탕은 이제 됐어.

Di stare insieme con te, ne ho bisogno.　　　너와 함께 지내는 것, 난 그게 필요해.

3. 대명사 구문+강조 요소 출현의 유형 (우향이동)

Ci andrai questo inverno, a Roma?	로마에 이번 겨울 갈거니?
La racconterò a Gianni, questa storia.	쟌니에게 얘기해 줄래, 그 스토리.
Ne ho bisogno, di stare insieme con te.	너와 함께 있는 것, 난 필요해.
L'ho comprato, l'orologio.	그거 샀어, 시계.
Non lo sopporto più, Massimo.	마시모 놈 더 이상 못 참겠어.

2 **si의 여러 기능**

1. 비인칭의 si

문장에서 확정적 주어 없이 si+3인칭의 동사 형태가 출현한다면 '그 누구라도, 우리 모두'의 뜻을 지닌 비인칭의 문장으로서 이때의 si는 uno로 대치 가능하다. 비인칭의 si에 대해서는 6과의 문법 부분을 참고하기 바란다.

Si parla e non si fa nulla.	사람들이 말만하고 아무것도 안한다.
Si pensa tutti alla stessa cosa.	사람들이 모두 같은 것을 생각을 한다.
Qui si mangia bene.	여기 음식 좋다.

재귀동사 구문에서의 비인칭은 'si+si 3인칭 단수 동사'로서 그 형태는 'ci+si 3인칭 단수 동사'가 된다.

Ci si alza presto, la mattina.	아침에 일찍 일어난다.
Ci si lava le mani, prima di mangiare.	먹기 전 손을 씻는다.

2. 재귀의 si

행위 주체를 지칭하는 재귀대명사로 사용된다.

Si guarda. (Si guarda se stesso.) — 그/그녀 자신을 본다.

Si prepara una torta. (Si prepara una torta a se stesso.) — 케이크를 스스로 준비한다.

Si è comprato un libro. (L'ha comprato se tesso.) — 스스로 책을 샀다.

3. 수동의 si

동사 뒤의 주어 명사에 동사가 맞추어져 있다면 수동의 문장으로 해석 된다.

Si vede una persona. — 한 사람이 보인다.

Si vedono le persone. — 사람들이 보인다.

Si richiede un'ottima conoscenza della lingua inglese. — 최상의 영어 실력이 요구된다.

4. 상호적 si(ci/vi)

Ci vediamo tutti i giorni a scuola. — 우린 학교에서 매일 서로를 본다.

Vi parlate tutte le sere al telefono. — 매일 저녁 너희들은 서로 통화한다.

Si salutano quando si incontrano per la strada. — 그들은 길에서 만나면 서로 인사한다.

③ 문맥 속 대명사의 활용

전 발화에서 기 언급된 직접목적어와 간접목적어는 다시 발화하지 않고 대명사 형태로 받아 처리한다. 이때의 대명사들은 동사 앞에 위치하게 된다.

1. 이중대명사+현재

Mi presenti quella signorina?

저 여자 내게 소개해 줄래?

Sì, te la presento.

그래, 네게 그녀를 소개할게.

Mi presti un ombrello?

우산 하나 빌려줄래?

Certo, te lo presto volentieri.

물론이지, 네게 그거 빌려줄게.

Può dirmi dove c'è un parcheggio, qui vicino?

여기 근처에 주차장이 어디에 있는지 알려줄 수 있나요?

Sì, glielo spiego subito.

네, 당신에게 그것을 바로 설명 드릴게요.

Mi porti il giornale?

내게 그 신문 좀 줄래?

Sì, te lo porto.

그래, 갖다 줄게.

2. 이중대명사+완료과거

Marco Le ha mostrato <u>il libro</u>?

마르코가 당신에게 그 책 보여줬나요?

Sì, me <u>l</u>'ha mostrato.

네, 제게 그거 보여줬어요.

Marco ti ha portato <u>la giacca</u>?

마르코가 네게 재킷 갖다줬니?

Sì, me <u>l</u>'ha port<u>ata</u>.

응, 그거 내게 가져다줬어.

Marco ti ha corretto <u>gli esercizi</u>?

마르코가 네게 연습문제 고쳐줬어?

Sì, me <u>li</u> ha corretti.

응, 내게 그거 고쳐줬어.

Marco Le ha comprato <u>le mele</u>?

마르코가 당신에게 사과 사줬어요?

Sì, me <u>le</u> ha comprate.

네, 제게 그거 사 줬어요.

1. 다음을 이탈리아어로 말하세요.

1) 이게 얼마만이야!

➜ ____

2) 이게 누구야!

➜ ____

3) 역까지 얼마나 걸려?

➜ ____

4) 언제 만날까?

➜ ____

5) 바로 지금 너한테 갈게.

➜ ____

2. 다음 물음에 이탈리아어로 답하세요.

1) Dove sei, adesso?

➜ ____

2) Sei in Italia o in Corea?

➜ ____

3) Quando ci vediamo?

➜ ____

4) Puoi venire da me stasera?

➜ ____

5) Dove ci vediamo?

➜ ____

6) Ci possiamo vedere subito?

➜ ____

7) Hai il mio indirizzo?

➜ ____

8) Hai il mio numero?

➜ ____

9) Quanto ci vuole per andare al Colosseo?

➜ ____

10) Stai in un albergo?

➜ ____

3. 다음 물음에 이탈리아어로 답하세요.

1) Dove ti trovi adesso? ➜ ____________________

2) Come ti trovi in Italia? ➜ ____________________

3) Puoi ripetere il numero? ➜ ____________________

4) Abiti ancora nello stesso posto? ➜ ____________________

5) Ci vediamo alla stazione di Termini? ➜ ____________________

4. 괄호 속 동사의 적절한 형태를 넣어 수동 문장을 완성하세요.

1) (vendere) le fragole al supermercato.

➜ ____

2) A Natale (regalare) i panettoni.

➜ ____

3) (bere) molto il caffè in Corea.

➜ ____

4) (mangiare) molto gli spaghetti in questi giorni.

➜ ____

5) (richiedere) una conoscenza della lingua inglese.

➜ ____

 11-2. MP3 

Dove abiti?	어디 사니?
Abito a Samsung-dong, Seoul.	서울 삼성동에 살아.
Abito in un appartamento.	아파트에 살아.
Dove si trova la tua casa?	네 집은 어디야?
Si trova a Samsung-dong.	삼성동에 있어.
È lontana da qui?	여기서 멀어?
No, non è lontana da qui.	아니, 안 멀어.
È vicina alla COEX.	COEX에서 가까워.
Qual è il tuo indirizzo?	네 주소는?
Potrei avere il tuo indirizzo?	네 주소 좀 줄래?
Il mio indirizzo è ...	내 주소는 ...
Qual è il tuo indirizzo di e-mail?	네 이메일 주소는?
Potrei avere il tuo indirizzo e-mail?	네 이메일 주소 좀 줄래?
Il mio indirizzo email è ...	내 이메일 주소는 ...
Qual è il tuo numero di telefono?	네 전화번호는?
Potrei avere il tuo numero di telefono?	네 전화번호 좀 줄래?
Il mio numero di telefono è ...	내 전화번호는 ...
Con chi vivi?	누구와 살지?
Vivi con qualcuno?	누군가와 함께 사니?
Vivo con il mio amico.	친구와 살아.
Vivi per conto tuo?	너 혼자 사니?
Divido la casa con un'altra persona.	다른 사람과 나누어 써.

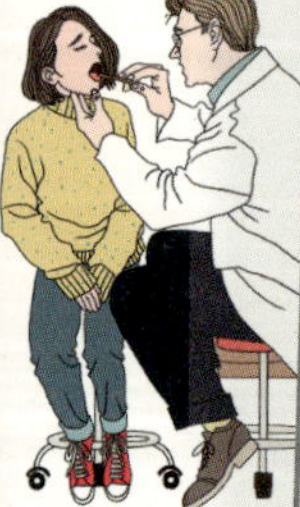

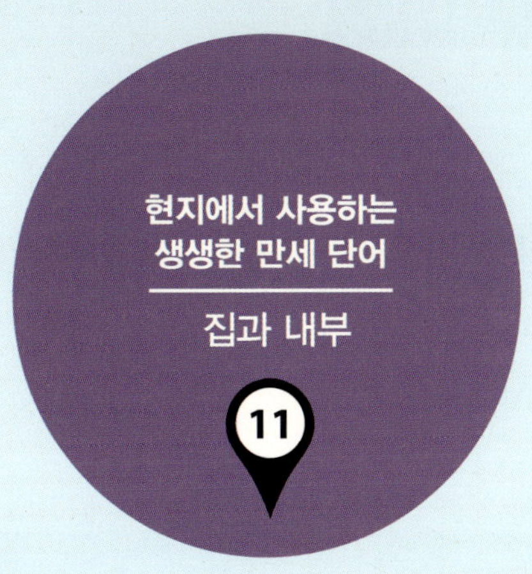

11-3. MP3

appartamento	아파트
villa	빌라
condomino	공동주택
grattacielo	빌딩
camino	굴뚝, 벽난로
tetto	지붕
tegola	기와
tetto a schiera	기와지붕
terrazza	테라스
balcone	발코니
finestra	창문
porta	문

soggiorno	거실
camera	방
camera da letto	침실
cucina	부엌
cucina elettrica/a gas	전기오븐/가스오븐
fornelli	렌지
pentola	냄비
padella	프라이팬
caffettiera	모카포트
frigorifero	냉장고
bagno	욕실
portasciugamani	수건걸이

citofono	인터폰
campanello	초인종
garage	주차장
ingresso	출입문
sala d'ingresso	응접실
sala da pranzo	식사방
cantina	와인창고

water	변기
lavandino	세면대
vasca da bagno	욕조
doccia	샤워
gel doccia	샤워젤
shampoo	샴푸
balsamo per capelli	린스
rasoio	면도기
schiuma da barba	면도거품

스포츠

"티아모, 축구!"
Il calcio italiano

유럽의 다른 나라들과 달리 이탈리아의 청소년들은 학교에서 일주일에 고작 두 시간의 체육시간을 갖는다고 한다. 그럼에도 불구하고 스포츠 인구가 어느 나라 못지않은 것은 이탈리아인 대부분이 학교 밖의 스포츠 그룹에 가입하여 활동하기 때문이다. 무용과 체조는 아이들이 주로 하는 스포츠인 반면 수영, 사이클, 테니스, 가라테, 유도는 남녀노소 모두가 즐기는 운동이다. 겨울 스포츠의 으뜸은 단연 스키이다. 하지만 한국인들이 좋아하는 골프는 거의 즐기지 않는다.

이탈리아 최고의 인기 스포츠는 축구(calcio)라는 것을 모르는 사람은 없을 것이다. 유벤투스, AC 밀란, AS 로마 같은 유명 클럽 팀들은 한국에서도 마니아 층을 갖고 있으며 폭발적인 인기를 누리고 있다. 이탈리아는 매력적인 축구시장 중의 하나로 전 세계 유명 축구스타들을 영입하는데 열을 올려 왔다. 마라도나, 베컴, 플라티니, 지단과 같이 한때 유명한 해외스타였던 선수들이 이탈리아에서 활동 하였으며 바조, 토티, 델 피에로, 인자기, 발로텔리, 칸나바로 같은 내국선수들이 이탈리아 축구 시장에서 자신의 이름값을 높였다.

이탈리아에서는 일 년 내내 주목할 만한 축구 경기들이 이어지고, 이탈리아 국가태표팀(Azzurri)은 역대 월드컵에서 4회의 우승 경력(1934, 1938, 1982, 2006)과 실력을 갖고 있는 팀이기도 하다. 축구에 대한 열정과 경력이 이러한데 이탈리아가 월드컵(Coppa mondiale) 대회에서 그들이 보기에 '깜'도 안 되는 북한과 한국에 패배한 것은 두고두고 화가 나는 일이다. 이탈리아인들은 1966년 런던 올림픽에서 이탈리아를 침몰시킨 북한 선수 박두익의 이름을 아직도 기억하며, 2002년 한일월드컵의 경기는 여전히 기분 나쁘고 억울하다. 이 경기로 한때 양국의 국민감정이 상해 심각한 외교적 상황을 맞이할뻔 한 적도 있다.

축구는 이탈리아인의 일상적 대화 주제이며 '토토칼쵸', '토토골' 같은 축구 복권(lottria)에 시민들이 매주 쏟아 붓는 액수 또한 상상을 초월한다. 이탈리아 프로 축구팀은 A부 리그에 20개, B부 리그에 22개 구단이 매년 성적에 따라 배정되며 그 외에도 C부, D부 리그 등 수많은 축구팀들이 존재한다. 최근 B부 리그에서는 기존의 벌점 제도인 옐로 카드나 레드 카드를 대신해 반대되는 개념으로서의 그린 카드 도입을 선언함으로써 스포츠의 기본 정신인 페어 플레이를 강조하기도 하였다. 벌보다는 상을 줌으로써 과열 경쟁 시대를 보완하려는 인간적 아이디어라 할 수 있다.

Ti va di andare a mangiare?

밥 먹으러 갈까?

- 비교급과 최상급
- 수동태

Paolo	Ti va di andare a mangiare?
Mina	Sì, andiamo. Ho molta fame anch'io.
Paolo	Dove vogliamo andare?
	A me piacerebbe mangiare un bel piatto di pasta
Mina	Allora andiamo al ristorante "Da Gino".
Paolo	Buona idea!

Angello	Buongiorno. Quanti siete?
Paolo	Siamo in due.
Angello	Volete sedervi qui?
Paolo	Va bene.
Angello	Eccovi il menù.
	Antipasto misto, carne, pesce, abbiamo un po' di tutto.
Mina	Grazie.
Angello	Desidera qualcosa da bere?
Paolo	Sì, Prendiamo un litro di vino rosso e anche una bottiglia di acqua naturale.
Angello	Benissimo.

1 밥 먹으러 갈까?

Ti va di andare a mangiare?

"ti va di~"를 직역하면 "~하는 것이 네게 괜찮겠냐"라고 하는 표현이다. 이 표현으로 여러 문장으로 응용이 가능하다. 그냥 단순히 "Ti va?"라 한 다면 "Ti va bene?"의 뜻이다.

2 몇 분이세요?

Quanti siete?

묻는 말이나 답 속에 수에 관한 정확한 정보들이 언제나 표현되므로 굴절에 유의하며 표현을 익혀야 한다. "몇 명이다"의 표현 속 in에 주의하자.

Quanti siete? 몇 분이세요?
Siamo in due. 저희 둘입니다.

Angello	Avete deciso?
Paolo	Sì, io prendo l'antipasto misto, linguine all'amatriciana e come secondo l'arrosto di vitello con contorno di patate al forno.
Mina	Io invece vorrei l'antipasto di mare, le penne con zucchine e gamberetti, la frittura mista e l'insalata verde.
Angello	Bene, sarete serviti tra pochi minuti.
Angello	La cena è stata di vostro gradimento, Signori?
Paolo	Decisamente. Era tutto squisito.
Angello	Volete qualcos'altro?
Paolo	Per me un caffè, grazie.
Mina	Anche per me. E può portarci il conto, per favore?
Angello	Certamente.

파올로	밥 먹으러 갈까? [1]
미나	그래, 가자. 나도 배고파.
파올로	어디 갈까? 맛있는 파스타 한 접시 먹으면 좋겠다.
미나	그럼 "지노네" 식당 가자.
파올로	좋은 생각이야.
안젤로	안녕하세요. 몇 분이세요? [2]
파올로	두 명입니다.
안젤로	여기 앉으시겠어요?
파올로	좋습니다.
안젤로	메뉴판 여기 있습니다. 전채요리, 고기, 생선, 거의 전부 다 있습니다.
미나	감사합니다.
안젤로	마실 건 뭐로 하시겠습니까?
파올로	약간의 레드 와인 1리터와 생수 한 병이요.
안젤로	알겠습니다.

안젤로	결정하셨습니까?
파올로	네, 전 혼합 전채요리, 아마트리챠나 링귀네 파스타, 스테이크와 구운 감자로 할게요.
미나	저는 해물 전채요리, 호박과 새우 곁들인 펜네파스타, 채소샐러드 할게요.
안젤로	좋습니다. 음식은 잠시 후에 드리겠습니다.
안젤로	저녁 괜찮았나요?
파올로	정말 훌륭했어요. 전부 맛있었어요.
안젤로	다른 것 더 드시겠어요? [3]
파올로	전 커피 한잔 주세요.
미나	저도요, 계산서도 좀 주시겠어요?
안젤로	네, 그럴게요.

단어

ti va di~? ~하는 것 괜찮아?
a mangiare 먹으러
molto 많은 (형용사)
fame 배고픔
piacerebbe ~을 좋아하다 (piacere동사의 조건법 단수3인칭 변형)
bel (형용사 bello의 불규칙변형)
piatto 접시
ristorante 레스토랑
buon' (형용사 buono의 불규칙변형)
sedersi 앉다
qui 여기
antipasto 전채요리
misto 섞은
carne 고기
pesce 생선
tutto 모두, 전부
desiderare 원하다
qualcosa 무언가
da bere 마실 것
litro 리터
vino 와인
rosso 빨간
bottiglia 병
decidere 결정하다 (avere+deciso은 완료형)
linguine 파스타의 일종인 링귀네 면
all'amatriciana 아마트리챠나 소스
come secondo 두 번째 접시로
arrosto 로스트
vitello 송아지 요리
contorno 곁들임요리
patata 감자
forno 오븐
antipasto di mare 해산물 전채요리
penne 펜네 면
zucchina 호박
gamberetti 새우
frittura 튀김
misto 섞인
insalata 샐러드
verde 녹색의
servire 서빙하다 (essere+과거분사는 수동의 의미)
tra pochi minuti 몇 분 후
gradimento 만족
decisamente 절대적으로
squisito 맛있는
portare 가져오다
conto 계산서

3 뭔가 더 드시겠습니까?
Volete qualcos'altro?

'다른 것 더'의 표현인 "qualcos'altro". 주문 시 본인의 것을 선택할 때 시작하는 "per me"의 표현을 자연스럽게 익히자.

Volete qualcos'altro? 뭔가 더 드시겠습니까?
Per me un caffè, grazie. 제겐 커피 주세요.

1 비교급과 최상급

1. 우등/열등비교

essere più/meno 형용사 di~ ~보다 더/덜 ~하다 (명사, 대명사 간 비교)

Mio fratello è più alto di me.

내 형은 나보다 더 크다.

La Corea è meno ricca dell'Italia.

한국은 이탈리아보다 덜 부유하다.

Lui è più/meno intelligente di lei.

그는 그녀보다 더/덜 똑똑하다.

essere più/meno 형용사 che~ ~보다 더/덜 ~하다 (형용사 간 비교)
piacere di più/di meno 동사~ che~ ~하기보다 ~하는 것을 더/덜 좋아한다 (동사 간 비교)

Clara è più simpatica che bella.

클라라는 예쁘다기 보다 호감가는 형이다.

Mi piace di più studiare che giocare.

난 놀기보다 공부하기를 더 좋아한다.

Mi piace di più/di meno vivere in campagna che vivere in citta.
난 도시보다 시골서 사는 걸 더/덜 좋아한다.

più+형용사 대신 한 단어 표현을 사용
[예. più buono → migliore, più cattivo → peggiore, più grande → maggiore, più piccolo → minore, più alto → superiore, più basso → inferiore 등]

Il mio computer è migliore del tuo.

내 컴퓨터가 네 것 보다 더 좋다.

Al piano superiore abita un tipo strano.
(=Al piano di sopra ci abita un tipo strano.)

위층에 이상한 남자가 살고 있다.

2. 동등비교

(tanto)-quanto, (così)-come (단어 간 동등비교)

Roma è (tanto) bella quanto Parigi.　　로마는 파리만큼 (많이) 멋지다.

Lei è bella come lui.　　그녀는 그 만큼이나 (그렇게) 멋지다.

Conosce ragazze come ragazzi.
(=Conosce tante ragazze e altrettanti ragazzi.)　　남자애들만큼 여자애들을 안다.

Scrivere è difficile quanto/come parlare.　　쓰기는 말하기만큼 어렵다.

tanto quanto~ (문장 간 비교)

Questa macchina è veloce tanto quanto è comoda.　　이 자동차는 편한 것만큼 빠르다.

Legge romanzi tanto quanto legge poesie.　　그는 시 읽는 만큼 소설도 읽는다.

3. 최상급

molto+형용사 혹은 **–issimo/i/a/e**의 형태로 표현

Marco è un ragazzo molto bravo.　　마르코는 무척 훌륭한 아이다.

Marco è un ragazzo bravissimo.　　마르코는 최고다.

정관사+명사+più/meno+형용사 의 형태로 표현

Marco è il ragazzo più intelligente della classe.　　마르코는 반에서 제일 똑똑하다.

Maria è la ragazza più alta della classe.　　마리아는 반에서 키가 제일 크다.

최상급 형용사 한 단어로 표현

più buono=migliore→ottimo

più cattivo=peggiore→pessimo

più grande=maggiore→massimo

più piccolo=minore→minimo

più alto=superiore→supremo

più basso=inferiore→infimo

2 수동태

타동사는 능동문이나 수동문으로 표현될 수 있다. 타동사는 능동문에서 복합시제를 형성할 때 avere+p.p.의 형태를 갖지만 수동문에서는 essere/venire+p.p.의 형태를 띤다. 따라서 타동사가 essere와 결합하고 있다면 수동인 것을 파악할 수 있다. 수동문은 시제에 따라 각기 다른 형태를 띠고 있음에 유의하여야 한다.

Maria legge un libro.

→ Il libro viene letto da gente di tutte l'età. (현재)

Loro apriranno il negozio alle dieci.

→ Il negozio sarà aperto alle dieci. (미래)

La polizia ha preso i ladri.

→ I ladri sono stati presi dalla polizia. (근과거)

I giovani consumavano specialmente la pizza.

→ La pizza veniva consumata specialmente dai giovani. (반과거)

수동태에서의 essere는 venire나 andare로 대치되기도 하는데, venire는 단순히 essere를 대치하는 기능을 하고 있지만 andare는 '의무'의 의미를 포함하는 기능을 한다.

Petrarca è/<u>viene letto</u> da tutti.
페트라르카는 모두에 의해 읽힌다.

La domanda <u>deve essere/va presentata</u> entro dieci giorni.
지원서는 10일 이내에 제출되어야 한다.

ESERCIZI 12 연습문제

1. 다음을 이탈리아어로 말하세요.

1) 앉을 수 있는 테이블 있나요?

➡ ____

2) 4명입니다.

➡ ____

3) 너 먹는 것으로 할게.

➡ ____

4) 4명이 나누어 먹을 스파게티 2인분만 주세요.

➡ ____

5) 계산서 주세요.

➡ ____

2. 다음 물음에 이탈리아어로 답하세요.

1) Quanti siete?

➡ ____

2) Va bene questo posto?

➡ ____

3) Porto qualcosa da bere?

➡ ____

4) Cosa porto come primo piatto?

➡ ____

5) Volete qualcos'altro?

➡ ____

 **3.** 괄호 안 형용사의 올바른 형태를 넣으세요.

1) (bello) orecchini!   ➡ _______________________

2) (bello) ragazzi!   ➡ _______________________

3) (buono) vino!   ➡ _______________________

4) (buono) idea!   ➡ _______________________

5) (buono) zio   ➡ _______________________

6) (grande) uomo   ➡ _______________________

7) (grande) coraggio   ➡ _______________________

8) (quello) ragazzo   ➡ _______________________

9) (santo) Maria   ➡ _______________________

10) (santo) Stefano   ➡ _______________________

4. 밑줄 친 곳에 적절한 단어를 넣어 비교급 내지 최상급의 문장을 완성하세요.

1) Stefania è più carina ___________ bella.

2) Maria è più intelligente ___________ Marco.

3) Marco è il ragazzo ___________ alto della classe.

4) L'Everest è ___________ monte più alto del mondo.

5) Maria è brava ___________ Laura a scrivere le poesie.

 12-2. MP3

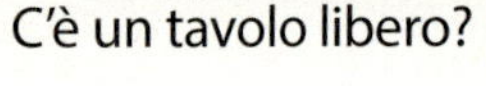

C'è un tavolo libero?	빈 테이블이 있나요?
Sì.	네.
Quanto siete?	몇 분이시죠?
Siamo in due.	둘입니다.
Volete accomodarvi qui?	여기 앉으시겠어요?
Va bene, grazie.	좋습니다.
Volete ordinare?	주문하시겠어요?
Sì, ci porti un piatto di spaghetti alle vongole e una bistecca alla fiorentina.	네, 조개 스파게티, 피렌체식 스테이크 주세요.
Come contorno che cosa prendete?	곁들일 음식은 뭘로 하실래요?
Un'insalata, grazie.	샐러드 주세요.
E da bere?	마실건요?
Una bottiglia di acqua naturale e mezzo litro di vino rosso.	물 한 병과 레드와인 반 리터 주세요.
Prendete qualcos'altro? Caffè, dolce...?	다른 것은요? 커피, 과자...?
No, grazie, va bene così.	아니요, 됐습니다.
Ci porti il conto per favore?	계산서 갖다 주실래요?
Sì, lo porto subito.	네, 곧 가져올게요.
Grazie.	감사합니다.
Grazie e arrivederci.	감사합니다. 안녕히 계세요.

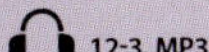

panetteria	빵굽는집
macelleria	정육점
salumeria	소시지 판매점
pescheria	생선가게
pasticceria	과자점
rosticceria	튀김집
dal fruttivendolo	과일가게
dal macellaio	정육점
dal pescivendolo	생선가게
dal salumiere	소시지가게
dal panettiere	빵가게

un sacco di patate	감자/자루
un cartone di latte	우유/종이팩
un litro di latte	우유/리터
un etto di prosciutto	생햄/100그램
un chilo di pane	빵/킬로
mezzo chilo di mele	사과/킬로
due etti di formaggio	치즈/100그램

un pacco di pasta o di biscotti	파스타, 비스킷/팩
una bottiglia di vino o d'olio	와인, 오일/병
un vasetto di marmellata	잼/병
una scatoletta di tonno	참치/캔
una scatola di cioccolatini	초콜릿/상자
una lattina di birra	맥주/캔

와인

"와인은 신이 인간에게 준 최고의 축복이에요!"
Il vino italiano

와인에 대한 이탈리아인의 사랑은 각별하다. 이탈리아 각 지역의 사람들은 각자 자신들의 와인이 최고라고 주장하며 와인은 신이 인간에게 준 최고의 축복이라 믿는다. 와인은 이탈리아인의 식탁에서는 빠질 수 없는 아주 중요한 요소이므로 그들에게 좋은 와인을 선물 받는 일은 크나큰 기쁨이다. 와인의 역사는 그야말로 오래되었다. 학자들의 의견을 종합해보면 와인은 아마도 9천 년에서 1만 년 전 코카서스 지방에서 우연히 처음으로 만들어졌을 것이다. 발효 빵이 그랬던 것처럼 통 속에 넣고 잊어버렸던 포도가 발효된 것이 와인의 기원이다. 하지만 와인이 널리 생산되기 시작한 것은 기원전 3천 년경의 일이다. 과거 로마 제국의 황제들도 질 좋은 와인을 즐겼다는 것은 여러 유적들을 통해서도 확인된다. 가깝게는 피에몬테 지방을 지배하던 사보이아 왕가의 한 군주가 18세기에 소밀리에레 백작(Somigliere di Bocca di Corte)이라는 작위를 만들어 왕실에서 쓰일 최고의 와인을 감정 평가하는 사람으로 공식 고용한 바 있다. 소밀리에레 백작의 일은 와인 제조법을 연구하고 감정, 평가하는 것 외에도 와인을 따르는 방법에 관한 전반적인 주도의 예를 담당하는 직이었다. 그 후 '소밀리에레'라는 호칭이 19세기 중반에 프랑스어 '소믈리에'로 도입되어 프랑스에서 사용되며 널리 알려지기 시작하였다. 그러니 사실 와인 감정사라는 직업은 이탈리아에서부터 출발한 것이라 할 수 있다.

일반적으로 이탈리아 와인은 4개 등급으로 분류된다. 등급의 라벨은 병 목에 레드와인은 분홍색으로, 화이트와인은 노란색으로 붙어있다. 원산지 통제 보증 표시 와인(DOCG: Denominazione di Origine Controllata e Grantita) 라벨은 최고급 와인을 표시한다. 까다로운 조건에 블라인드 테이스트 테스팅을 통과한 30–40여종의 와인만이 DOCG등급으로 분류된다. 대표적인 DOCG 등급의 와인으로는 브루넬로 디 몬탈치노(Brunello di Montalcino), 아스티(Asti), 바르바레스코(Barbaresco), 바롤로(Barolo), 키안티 클라시코(Chianti classico) 등이다. 다음으로 원산지 통제 표시 와인(DOC: Denominazione di Origine Controllata) 등급의 와인이 있는데 이 와인들은 정부가 지정한 지역에서 해당 지역만의 고유한 특성을 보존할 수 있게 한 규정대로 양조되고 있다. 약 300여종의 와인 품종이 DOC 등급에 포함되어 있다. 그 외 수퍼 투스칸과 같은 생산지 표시 와인(IGT: Indicazione di Geografica Tipica) 등급이 있다. 테이블 와인(VdT: Vino da Tavola)은 이탈리아 서민들이 소박하고 저렴하게 마시는 것으로 보통 요리에 사용하는 와인이다. 하지만 DOCG 등급의 와인이라 해서 늘 최고의 맛을 내는 것은 아니며 테이블 와인이라고 해서 형편없는 맛을 내는 것도 아니라는 점을 인정해야 한다. 와인은 가격이나 등급에 관계없이 마시는 이의 입맛에 맞으면 좋은 와인일 것이다.

Due biglietti di sola andata per Roma.
로마행 편도 두 장 주세요.

LEZIONE
13

- CHE
- 전치사+CUI 혹은 전치사+관사+QUALE
- CHI

Silvia	**Buongiorno, due biglietti di sola andata per Roma, per favore.**
Cassiere	**Quando volete partire?**
Silvia	**Oggi verso le 11.00.**
Cassiere	**Prima o seconda classe?**
Silvia	**Seconda.**
Cassiere	**Allora, vediamo ... A quell'ora non ci sono treni diretti, ma un diretto ce l'avete all'una, se volete:** **la Frecciarossa che arriva a Roma alle due e mezza.**
Silvia	**La Frecciarossa?**

만세 포인트

---

1   로마행 편도 두 장 주세요.

Due biglietti di sola andata per Roma.

기차 역 창구에서 표를 살 때 암기하면 편리할 표현이다. 표 몇 장(un biglietto/ due biglietti), 편도 혹은 왕복(sola andata/andata e ritorno), 행선지 (per~) 순으로 문장을 만들면 된다.

2   네, 가장 빠른 기차로 여행하기도 편해요.

Sì, è il treno velocissimo e anche comodo per viaggiare.

형용사+issimo/i/a/e의 형태는 절대적 최상급을 나타내는 표현이다. 이를 상대적 최상급의 형태로 표현하면 il treno più veloce (정관사 명사 più 형용사)가 될 것이다.

Frecciarossa è un treno velocissimo e anche comodo per viaggiare.
프레차로싸는 가장 빠르고 편안한 기차예요.

Cassiere	Sì, è il treno velocissimo e anche comodo per viaggiare.
Silvia	Va bene. La prendo.
Cassiere	Allora sono 64 euro a testa.
Silvia	Perfetto! Da quale binario parte il treno?
Cassiere	Il binario viene indicato nel tabellone delle partenze nell'atrio della stazione poco prima della partenza. Non dimenticate di timbrare il biglietto.
Silvia	Grazie, è molto gentile!
Cassiere	Buon viaggio!

실비아	안녕하세요. 로마행 편도 두 장 주세요. 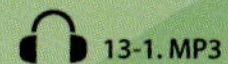[1]
계산원	언제 떠나시나요?
실비아	오늘 11시경이요.
계산원	일등 칸이요 이등 칸이요?
실비아	이등 칸이요.
계산원	어디 봅시다... 그 시간에 직접 가는 기차는 없는데, 원한다면 1시에 급행열차가 있어요. 이 고속열차 '프레챠로싸'는 2시 반이면 로마에 도착해요.
실비아	프레챠로싸요?
계산원	네, 가장 빠른 기차로 여행하기도 편해요.[2]
실비아	좋아요. 그걸로 할게요.
계산원	일인당 64유로입니다.
실비아	좋습니다! 몇 번 홈에서 떠나죠?
계산원	기차 출발 바로 전에 승강장은 출발 게시판에 표시됩니다.[3] 타기 전 표 찍고 가는 것 잊지 마세요.
실비아	감사합니다. 친절하시네요!
계산원	즐거운 여행되세요!

biglietteria 매표소 (bigliettaio 표 파는 사람)
biglietto 티켓
sola andata 편도
partire 출발하다
viaggiare 여행하다
classe 등급
primo 첫 번째의
secondo 두 번째의
diretto 직행
velocissimo 가장 빠른 (veloce의 최상급)
comodo 편안한
viaggiare 여행하다
perfetto! 완벽해요!
a testa 두당
binario 트랙
indicare 지시하다
tabellone 칸
atrio 판
partenza 출발
poco prima di~ 조금 전에
dimenticare 잊어버리다
timbrare 소인을 찍다
gentile 친절한
viaggio 여행

---

3 승강장은 출발 게시판에 표시됩니다.

Il binario viene indicato nel tabellone delle partenze.

indicare(지시하다)는 타동사로서 목적어를 가져야 하지만 문장 내 목적어가 아닌 주어만이 존재하고 'essere(venire)+과거분사'의 형태가 되어 있으므로 수동을 나타낸다.

관계대명사는 두 문장에 공통적으로 등장하는 명사를 대치하여 두 개의 문장을 하나로 연결하는 기능을 한다.

Conosco <u>quella ragazza</u>.	난 저 사람 안다.
<u>La ragazza</u> lavora in banca.	그녀는 은행에서 일한다.
Conosco la ragazza <u>che</u> lavora in banca.	은행에서 일하는 저 여자를 안다.

1 CHE

가장 일반적인 관계대명사로서 선행사가 종속절 문장의 주격 및 목적격 명사일 경우에만 사용된다. 관계대명사 che는 전치사 같은 타 요소를 동반하지 않으며, 형태 변형 없이 che로만 사용된다. 옛 문어체에서는 주격일 경우에 '정관사+quale' 형태로의 대치가 가능했던 반면 현대 구어체에서는 다 기능적으로 쓰여 그 사용이 점차 확대되고 있다. 즉, 'Dal momento che (문법적 in cui 대신에) ti ho vista, mi sono innamorato subito. 널 본 순간부터 난 사랑에 빠졌어'의 표현이 가능하다.

La ragazza che canta è italiana.

노래하는 애는 이탈리아인이다. (주격 관계대명사)

▶ che를 la quale로 변화시키는 것은 옛날 형태로 더 이상 사용하지 않는다.

Il signore che mi saluta è padre di Silvia.

내게 인사하는 아저씨는 실비아의 아버지이다. (주격 관계대명사)

▶ che를 il quale로 변화시키는 것은 옛날 형태이다.

La lingua che studio è l'italiano.

내가 공부하는 언어는 이탈리아어이다. (목적격 관계대명사)

그러나 예외적으로 "il che"의 표현이 있을 수 있는데 이는 앞 문장 전체를 가리킨다.

Ha vinto alla gara, il che mi fa molto piacere.
그가 시합에서 이겼다는 것이 나로선 정말 기쁘다.

2 전치사+CUI 혹은 전치사관사+QUALE

단문인 두 문장이 공통된 명사를 선행사로 갖긴 하나 전치사가 남으면 관계대명사 che를 사용할 수 없다. 이 경우 '전치사+cui' 혹은 '전치사관사+quale'의 형태를 취한다. '전치사관사+quale'의 경우, 선행사와의 성수 일치는 기본이다.

Questi sono i ragazzi con cui (=con i quali) esce la sera Marta.

얘들이 마르타가 저녁에 같이 외출하는 바로 그 애들이다.

Questo è il motivo per cui (=per il quale) studio.

이건 내가 공부하는 이유이다.

La città da cui (=dalla quale) vengo si trova nell'interno dell'Asia centrale.

내가 온 도시는 중앙아시아 내에 있다.

관계대명사 cui와 관련하여 몇 가지 주의할 사항이 있다. '전치사+cui'의 형태 중 'a cui'는 예외적으로 전치사를 생략한 'cui'로 표현할 수 있다. 또한 장소를 언급하는 관계대명사는 'dove'로 대치 가능하다.

La persona (a) cui ti riferisci è mio fratello.

네가 언급하는 사람은 내 남동생이다

Questa è la città dove (=nella quale, =in cui) vivo da sempre.

이 곳은 내가 늘 살아온 도시이다

한편 '정관사+cui+명사'의 형태는 소유를 표현하며 이때 정관사의 형태는 뒤에 나오는 명사의 성수에 일치되어야 한다.

La donna il cui figlio è in America, è molto ricca.

아들이 미국에 있는 그 여인은 대단한 부자다.

La caffetteria il cui indirizzo ora non ricordo.

저 커피숍의 주소, 지금 기억 안 난다.

3 CHI

관계대명사 chi는 사람에만 적용되며 그 자체로서 "colui che~, colei che, quello che~, quella che~ (~하는 사람)"의 의미를 지닌다.

Chi tace acconsente.　　　　말 없는 자는 동의한다는 것이다.

Chi dorme non piglia pesci.　　잠자는 자는 고기를 낚지 못한다.

 **1.** 다음을 이탈리아어로 말하세요.

1) 밀라노행 왕복 티켓 한 장 주세요.

➡ ____

2) 밀라노행 편도 티켓 한 장 주세요.

➡ ____

3) 오늘 10시경에 출발해서 내일 2시경 돌아옵니다.

➡ ____

4) 이등석으로 주세요.

➡ ____

5) 이 기차 밀라노 가나요?

➡ ____

6) 몇 시에 출발하세요?

➡ ____

7) 두 시경 출발하는 열차를 탈게요.

➡ ____

8) 몇 명인가요?

➡ ____

9) 네 명입니다.

➡ ____

10) 기차는 11번 홈에서 출발합니다.

➡ ____

2. 다음을 이탈리아어로 옮기세요.

1) 이 자리 비었나요?

➡ ____

2) 여기 제 자리인 것 같은데요.

➡ ____

3) 미안합니다, 좀 지나갈까요?

➡ ____

4) 여기가 참피노인가요?

➡ ____

5) 미안합니다, 저 내려야 해요.

3. 적절한 관계대명사를 넣으세요.

1) Ho un'amica ______________ mi fa sempre arrabbiare.

2) Questo è un amico ______________ studio in biblioteca.

3) Questa è la città ______________ abitiamo.

4) La borsa ______________ voglio comprare costa troppo.

5) L'argomento ______________ ha parlato è molto interessante.

6) Sto leggendo il libro ______________ mi ha parlato Alberto.

7) Il regista ______________ film ha vinto l'ultimo Oscar, è un italiano.

8) La ragazza ______________ ho parlato di politica è un'amica di Roberto.

9) La donna ______________ mi hanno presentato l'altro ieri era molto bella.

10) Il professore ______________ ho telefonato stamattina insegna la chimica.

13-2. MP3 (13)

Mi dica!	말씀하세요!
Buongiorno. A che ora parte il prossimo treno per Milano?	안녕하세요. 밀라노행 다음 열차는 몇 시에 있나요?
È alle dodici e trenta.	12시 30분에 있어요.
Posso avere il biglietto?	표 끊을 수 있나요?
Lo vuole solo andata o andata e ritorno?	편도를 원하시나요 아니면 왕복을 원하시나요?
Solo andata, per favore.	편도 1장 주세요.
Andata e ritorno, per favore.	왕복표로 주세요.
Prima o seconda classe?	일등석으로 드릴까요 이등석으로 드릴까요?
Seconda classe, per favore.	이등석 주세요.
Sono quaranta euro e cinquanta.	40.50유로입니다.
C'è uno sconto del 10% se ha la carta verde.	청소년카드 있으면 10% 할인 돼요.
Sì, ce l'ho.	예. 갖고 있습니다.
Eccola.	여기 있습니다.
No, non ce l'ho.	아니요. 없어요.
Ecco il suo resto.	여기 거스름돈입니다.
Grazie mille.	대단히 감사합니다.
Di niente.	천만에요.
A che ora c'è il primo treno per Milano?	밀라노행 첫차는 몇 시인가요?
A che ora c'è l'ultimo treno per Milano?	밀라노행 막차는 몇 시인가요?
Vorrei riservare un posto.	자리를 예약하고 싶어요.
Posso annullare questo biglietto?	이 표를 취소할 수 있을까요?
Quando c'è il treno di ritorno?	돌아오는 기차는 언제 있나요?
Da quale binario parte il treno per Venezia?	베네치아행 기차는 몇 번 홈에서 출발하나요?
Parte dal binario 5.	5번 홈에서 출발합니다.
Questo treno va a Milano?	이거 밀라노행인가요?
Scusi. Questo dovrebbe essere il mio posto.	실례합니다. 여기 제자리인 것 같아요.
Biglietto, prego!	차표 좀 보여주세요!

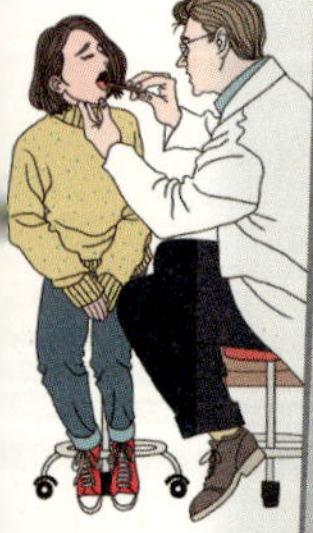

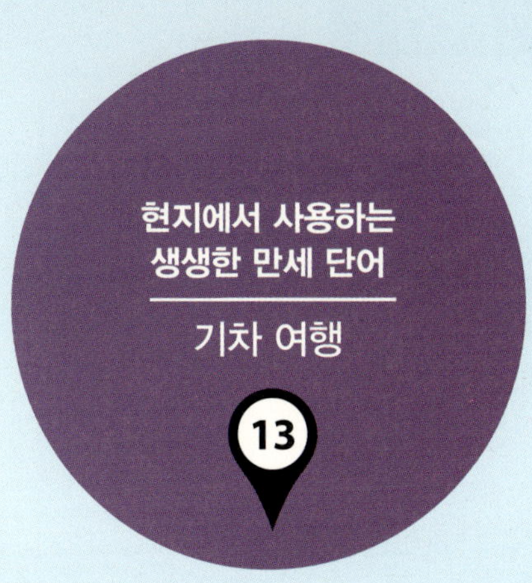

carrozza ristorante	식당칸
vagone	객차
compartimento	콤파트먼트
capotreno	차장
tessera ferroviaria	철도카드
carta verde	청소년카드
biglietto stagionale	시즌티켓
treno con cuccette	침대열차
stazione	역
biglietteria	매표소
fila	줄

macchinista	기차기관사
prendere un treno	기차를 타다
salire sul treno	기차에 오르다
scendere dal treno	기차에서 내리다
perdere un treno	기차를 놓치다
distributori self service	셀프 구입기
schermo	화면
compra biglietto	표 구입
stazione di partenza	출발역
stazione d'arrivo	도착역
adulti	성인

posto	자리
sconto per studenti	학생 할인
sconto per anziani	노인 할인
sconto per bambini	유아 할인
sconto per disoccupati	무직자 할인
treno locale	로컬기차
binario	홈
incidente ferroviario	기차사고

ragazzi	청소년
scegli	선택
continua	계속
contanti	현금
carta di credito	신용카드
pagamento	지불

"'메초조르노'라는 말을 아세요?"
Il Mezzogiorno

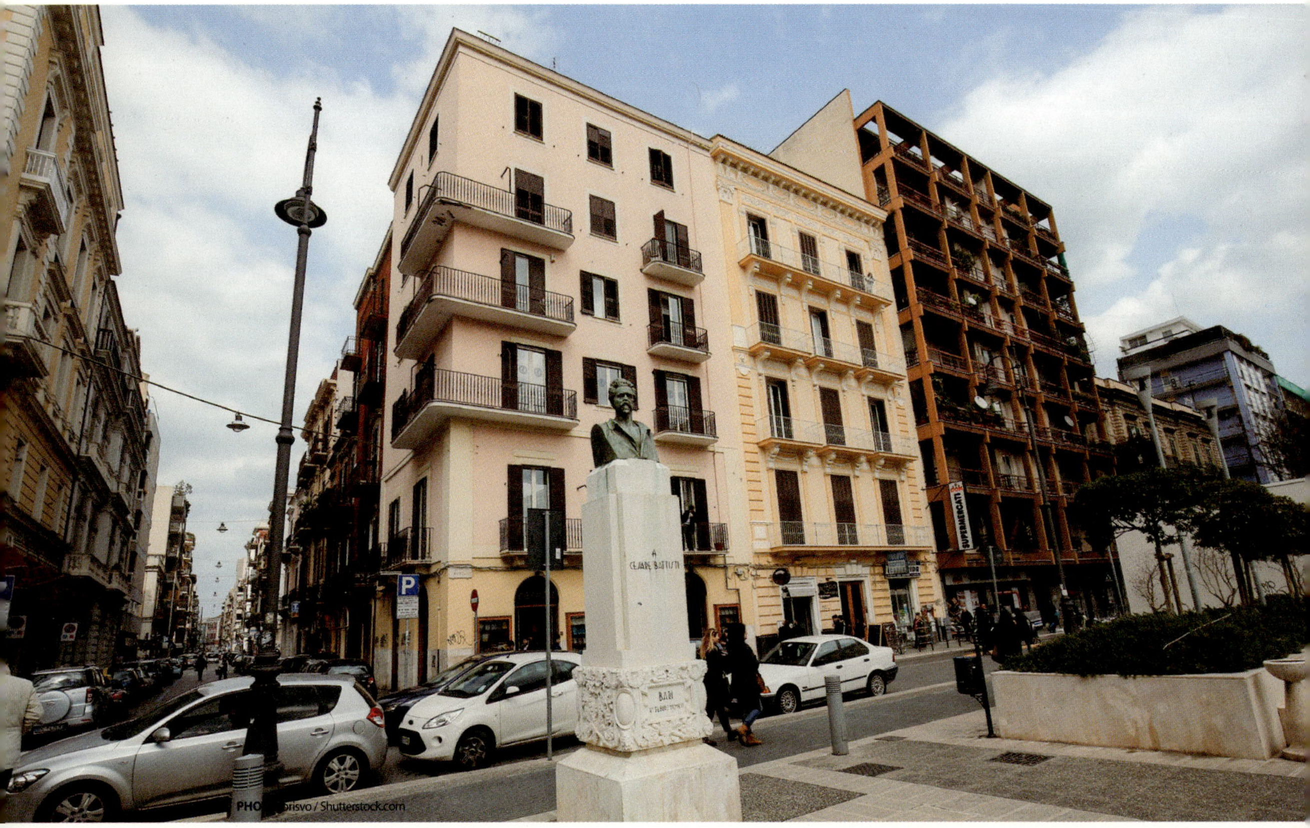

이탈리아 남부를 가리키는 말인 메초조르노(mezzogiorno)는 원래 낙후된 지역 경제 상황을 이르는 용어이었으나 이후 이탈리아 남북 간의 정치적·사회적 차이의 문제를 이르는 포괄적 용어로 사용되고 있다. 이탈리아 남북 불균형의 가장 큰 원인은 통일 이전의 정치 상황 속에서 찾을 수 있다. 역사적으로 북부가 자치도시 코무네(Comune)라는 역동적 경험을 통해 보다 일찍 근대성을 확립할 수 있었던 반면 남부는 스페인의 통치 하에서 봉건 군주국의 형태를 유지함으로써 근대화에 무능할 수밖에 없었던 탓이다. 특히 남부의 부르주아 계층과 외세 간의 봉건적 유착 관계는 남부를 더욱 정체 상태로 남게 한 근본적 원인이었다. 통일 이전 이탈리아의 남부와 북부는 모두 빈곤에 허덕였다. 이탈리아 남부는 지속적 독립전쟁과 말라리아의 여파로 황폐화 되었고 북부 또한 근대산업이 없는 농업 중심 지역이었다.

PHOTO Eugenio Marongiu/ Shutterstock.com

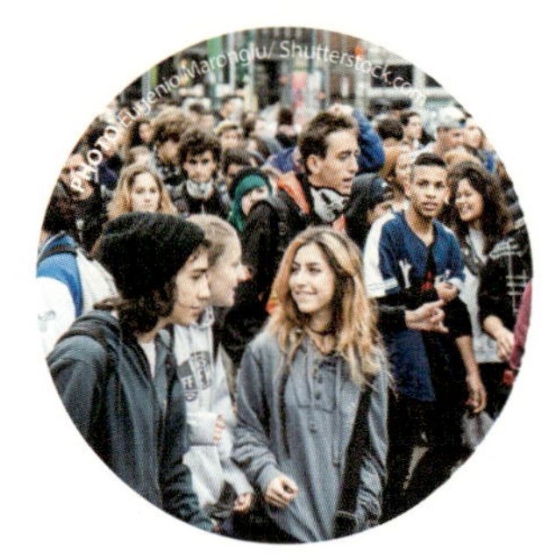

1861년의 통일 이탈리아는 유럽 최빈국의 하나로 남았다. 폐허와 가난을 피해 1차 세계대전까지 1,400만의 이탈리아인이 해외로 이주하게 된다. 유럽 경제재건 프로그램인 1950년대 말의 '마셜 플랜'을 기점으로 이탈리아는 국내 경제 재건을 추진한다. 밀라노와 나폴리를 잇는 첫 '태양의 고속도로 A1' 건설로 새로운 일자리 창출이 본격화되고 내부 이주 현상이 일어나기 시작한다. 이탈리아는 1960년대의 값싼 노동력과 신기술을 바탕으로 자동차, 냉장고, 세탁기, 텔레비전, 식품, 섬유, 철강, 정유 분야에서 두각을 나타내며 경쟁력을 확보하게 된다. 이러한 경제 붐을 타고 젊은 노동 인력들이 일자리가 있는 북부의 산업중심지로 이탈하게 되는데 이로써 고질적인 남북의 불균형 문제가 가속화되기 시작한다. 현재도 이탈리아 남부와 남부 출신 사람들은 사회적 약자에 속하기 쉬운 구조 속에 있으며, 지방색이 유난히 강한 이탈리아에서 남부 출신이란 꼬리표는 사실 보이지 않는 또 다른 차이로 존재한다.

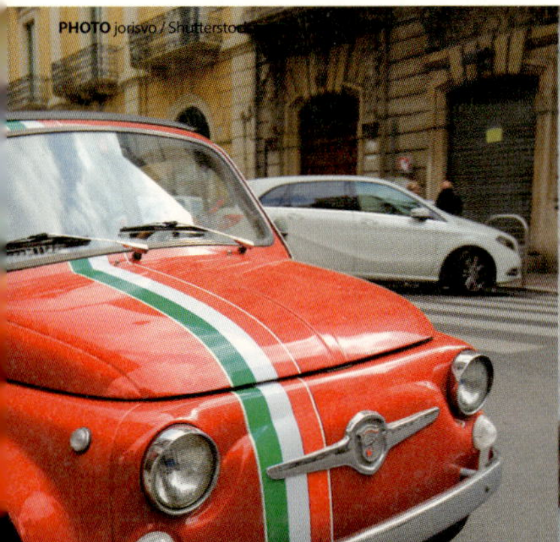

PHOTO jorisvo / Shutterstock

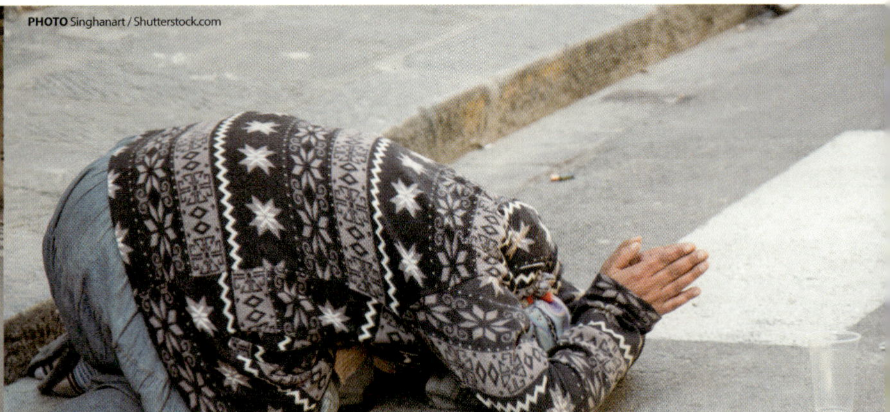

PHOTO Singhanart / Shutterstock.com

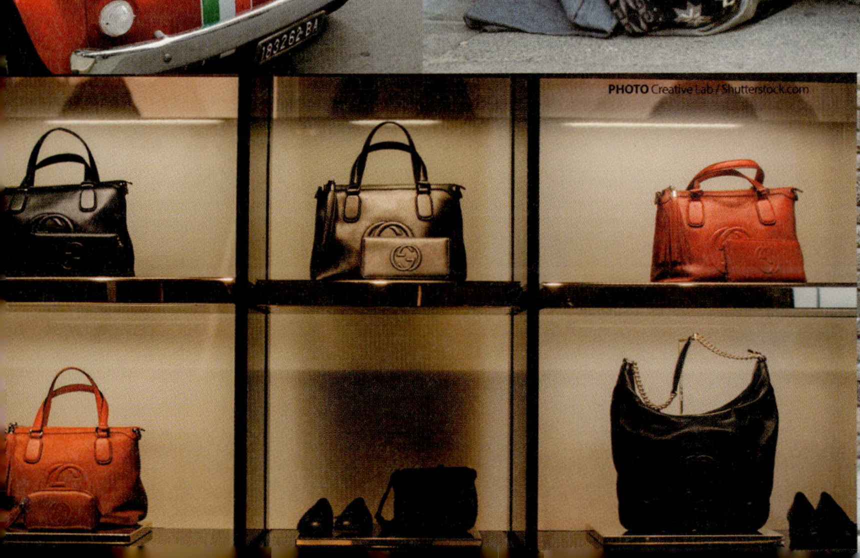

PHOTO Creative Lab / Shutterstock.com

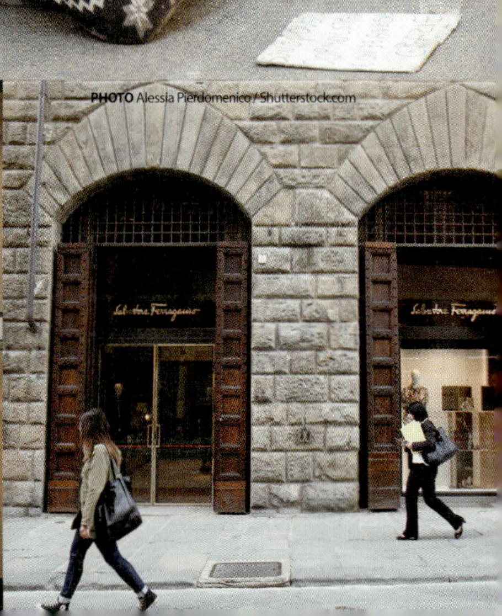

PHOTO Alessia Pierdomenico / Shutterstock.com

Come posso
aiutarLa?
무엇을 도와드릴까요?

LEZIONE

14

- 단순미래
- 선립미래

Carla	**Buongiorno, come posso aiutarLa?**
Ginho	**Vorrei vedere un dottore.**
	Ho un raffreddore, con una tosse fortissima, e poi ho mal di gola.
Carla	**Da quanto tempo?**
Ginh	**Da ieri.**
Carla	**Bene, Le misurerò prima di tutto la pressione e la temperatura.**
	Prego, si accomodi e aspetti che La chiami il dottore.

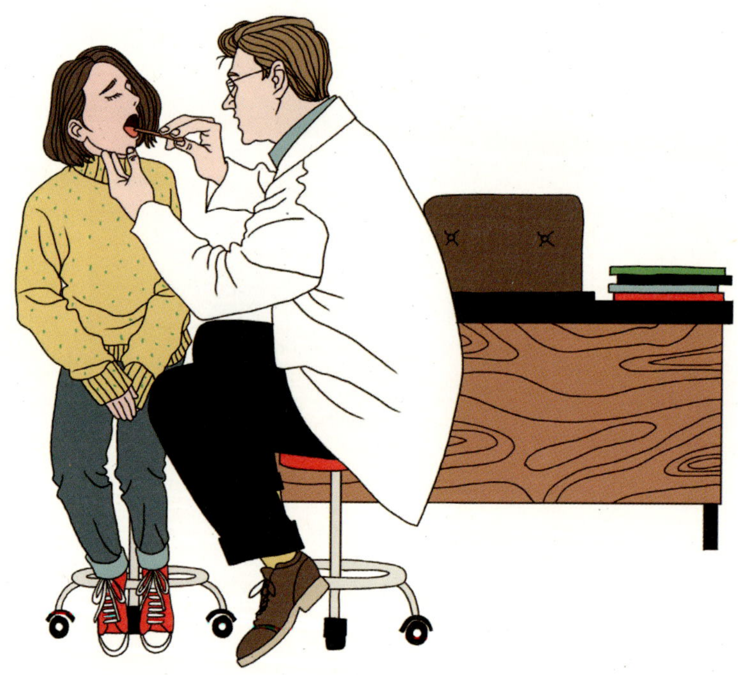

만세
포인트

1 무엇을 도와드릴까요?

In che cosa posso esserLe di aiuto?

Come posso aiutarLa?와 비슷한 의미로 쓸 수 있는 표현을 몇 가지 살펴보자. 이 표현은 직역하면 '무엇에 있어 당신에게 제가 도움의 사람일 수 있을까요?' 정도가 되겠다. 언제나 그렇지만 한국어와 이탈리아어의 표현은 일대일이 아니란 사실을 기억하자.

2 도와드릴까요?

Posso aiutarLa?

직역하면 '제가 당신을 도와드릴 수 있을까요?'이다. 머리가 아닌 입이 기억해야 하는 또 다른 표현이다.

🎧 14-1. MP3

Carla	Signor Ginho. Prego, può entrare.
Ginho	Buongiorno.
Dottore	Buongiorno. Che cos'ha? Vediamo un po'.
	Apra la bocca per favore. e dia un colpo di tosse.
	Le farò un'iniezione, e Le prescriverò degli antibiotici.
	Prenda queste pastiglie tre volte al giorno.
	Vada pure con questa ricetta in farmacia.
Ginho	Grazie. Arrivederci, dottore!

aiutare 도와주다
dottore 의사
raffreddore 감기
tosse 기침
forte 강한
mal di gola 목아픔
misurare 재다
pressione 혈압
temperatura 체온
aspettare 기다리다
chiamare 부르다
entrare 들어가다
aprire 열다
bocca 입
tosse 기침 (tossicare 기침하다)
iniezione 주사
prescrivere 처방을 써주다
antibiotici 항생제
pastiglia 약
volta 번, 회
ricetta 처방
farmacia 약국

카를라	안녕하세요.  무엇을 도와드릴까요?
진호	의사 선생님을 뵙고 싶습니다.
	기침이 심하고 목도 아프고 심한 감기에 걸렸어요.
카를라	언제부터 그런가요?
진호	어제부터요.
카를라	자, 먼저 혈압과 체온을 재겠습니다.
	여기 앉아서 의사 선생님이 부르실 때까지 기다리세요.
카를라	진호 씨, 들어오세요.
진호	안녕하세요.
의사	안녕하세요. 어디가 아프신가요? 좀 볼까요.
	입을 벌려보세요. 기침 해 보세요.
	주사 놔 드리고 항생제 처방해 드릴게요.
	이 약 하루에 세 번 드세요.
	이 처방전은 약국에 가져가시고요.
진호	감사합니다. 안녕히 계세요, 선생님!

3 도와드릴까요?
Le dò una mano?

직역하면 '당신에게 제가 손 하나 드릴까요?'이다. 이탈리아어에서 숙어는 영어처럼 유추불가능한 것은 아니지만 그래도 숙어가 꽤 있다. 'dare una mano'는 '도와주다'의 뜻이다.

1 단순미래

아직 일어나지 않은 미래의 작용을 표현할 때 사용하며 그 변형은 다음과 같다.

1. 규칙변형

	parl-are	**prend-ere**	**sent-ire**
io	–erò	–erò	–irò
tu	–erai	–erai	–irai
lui/lei/Lei	–erà	–erà	–irà
noi	–eremo	–eremo	–iremo
voi	–erete	–erete	–irete
loro	–eranno	–eranno	–iranno

2. 불규칙변형

essere: sarò-sarai-sarà-saremo-sarete-saranno

avere: avrò-avrai-avrà-avremo-avrete-avranno

andare: andrò-andrai-andrà-andremo-andrete-andranno

fare: farò-farai-farà-faremo-farete-faranno

venire: verrò-verrai-verrà-verremo-verrete-verranno

volere: vorrò-vorrai-vorrà-vorremo-vorrete-vorranno

dovere: dovrò-dovrai-dovrà-dovremo-dovrete-dovranno

poter: potrò-potrai-potrà-potremo-potrete-potranno

미래 동사는 미래에 일어날 행위를 시제로 표현하는 것이지만 미래에 일어날 일임을 문맥 상 유추할 수 있을 때는 미래 대신 현재 시제를 사용하여도 무방하다.

Quando verrà/viene Marco?　　　마르코 언제 와?

Verrà/Viene stasera.　　　오늘 저녁에 와.

Mangerò più tardi.

식사 나중에 할 거야.

Andrò in Italia il mese prossimo.

다음 달에 이탈리아에 갈 거야.

2 선립미래

미래에 일어날 두 가지 행위 가운데 먼저 일어날 미래를 표현하는 것으로서 'essere 혹은 avere 조동사의 단순미래+선택한 동사의 과거분사'의 형태를 갖는다. 선립미래를 사용하기 위해서는 먼저 선택한 동사의 과거분사형을 도출해야 하는데 그 규칙은 다음과 같다.

-are ➡ -ato (parlare ➡ parlato)

-ere ➡ -uto (volere ➡ voluto)

-ire ➡ -ito (capire ➡ capito)

물론 다음과 같은 불규칙 과거분사형들은 따로 암기하여야 한다.

dare ➡ dato	dire ➡ detto	fare ➡ fatto
mettere ➡ messo	prendere ➡ preso	accendere ➡ acceso
conoscere ➡ conosciuto	correre ➡ corso	scrivere ➡ scritto
vedere ➡ visto	venire ➡ venuto	

또한 선택한 동사가 자동사냐 타동사냐에 따라 각각 essere나 avere 조동사를 택해야 한다. avere+p.p.의 경우 과거분사의 어미는 주어의 성수에 관계없이 기본적으로 -o의 형태를 유지하지만 essere+p.p.의 경우에는 주어의 성과 수에 따라 과거분사의 어미가 -o, -i, -a, -e 등으로 변화된다. 선립미래는 단순미래보다 선행되어 일어날 미래이다.

Quando avrò finito i compiti, uscirò.

먼저 숙제를 끝낸 후에 외출하겠다.

Quando sarò diventata grande, farò l'avvocatessa.

나중에 어른이 되면 변호사가 될 것이다.

1. 다음을 이탈리아어로 말하세요.

1) 머리/배/목이 아파요.

➡ ____

2) 다리가 아파요.

➡ ____

3) 피곤해 죽겠어요.

➡ ____

4) 속이 울렁거리고 토해요.

➡ ____

5) 심한 감기에 걸렸어요.

➡ ____

6) 여기가 아파요.

➡ ____

7) 식욕이 없어요.

➡ ____

8) 열이 있어요.

➡ ____

9) 다쳤어요.

➡ ____

10) 몸이 안 좋아요.

➡ ____

2. 다음 물음에 답하세요.

1) Che cos'ha?

➡ ____

2) Da quando ha questo sintomo?

➡ ____

3) Dorme senza problemi?

➡ ____

4) Non ha la tosse?

➡ ____

5) Ha qualche altro problema?

➡ ____

3. 미래동사의 형태로 문장을 완성하세요.

1) Domani (venire) _______________ un mio amico da Bologna.

2) Ti (seguire) _______________ perché non so cos'è.

3) Lui (essere) _______________ in biblioteca a quest'ora.

4) Io (mandare) _______________ un messaggio a Silvia.

5) Ci (essere) _______________ ancora un'opportunità.

6) Loro (partire) _______________ il lunedì prossimo.

7) Tra una settimana, voi (essere) _______________ in vacanza.

8) Noi (finire) _______________ subito il lavoro.

9) Tu, a quanto (vendere) _______________ la macchina?

10) Uffa! Lui non (finire) _______________ mai questo lavoro!

Ho mal di	나 ~가 아프다.
~pancia	배
~testa	머리
~denti	이
~stomaco	속
~schiena	등, 어깨
~gola	목
~orecchio	귀

Mi fa/fanno male	나 ~가 아프다.
~ gli occhi	눈이
~ le gambe	다리가
~ i muscoli	근육이
~ i denti	이가
~ le gengive	잇몸이

Vado	나 ~에 간다.
~dal pediatra	소아과에
~dal dentista	치과에
~dall'otorino	이비인후과에
~dall'oculista	안과에
~dall'ortopedico	정형외과에
~dal dermatologo	피부과에
~dal gastroenterologo	소화기내과에
~dal psichiatra	정신과에
~dal cardiologo	심장전문과에
~dal chirurgo	외과에
~dal farmacista	약국에

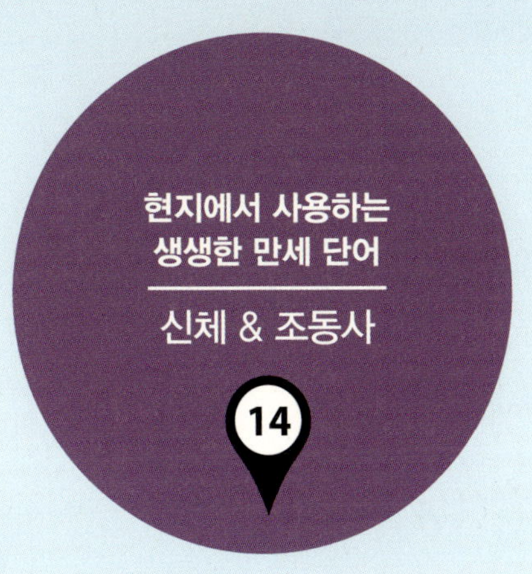

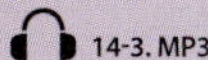

신체

barba	턱수염
guancia	뺨
mento	턱
testa	머리
capelli/peli	머리카락/털
orecchio	귀
occhio	눈
sopracciglio	눈썹
fronte	이마
labbro	입술
bocca	입
naso	코
baffo	콧수염
lingua	혀
dente	이
braccio	팔
schiena	등
torace	가슴
gomito	팔꿈치
mano	손
dito	손가락
collo	목
spalla	어깨
gola	목
polso	손목
piede	다리

조동사의 선택과 과거분사

esistere	존재하다	(essere) esistito
essere	이다, 있다	(essere) stato
morire	죽다	(essere) morto
nascere	태어나다	(essere) nato
piacere	좋아하다	(essere) piaciuto
rimanere	남다	(essere) rimasto
scendere	내려가다	(essere) sceso
stare	있다	(essere) stato
venire	오다	(essere) venuto
accendere	불을 켜다	(avere) acceso
aprire	열다	(avere) aperto
chiedere	묻다	(avere) chiesto
chiudere	닫다	(avere) chiuso
conoscere	알다	(avere) conosciuto
cuocere	요리하다	(avere) cotto
dare	주다	(avere) dato
dire	말하다	(avere) detto
dovere	~해야한다	(avere) dovuto
fare	하다	(avere) fatto
leggere	읽다	(avere) letto
mettere	놓다, 두다	(avere) messo
perdere	잃다	(avere) perso
prendere	취하다	(avere) preso
ridere	웃다	(avere) riso
rispondere	대답하다	(avere) risposto
scrivere	쓰다	(avere) scritto
spegnere	끄다	(avere) spento
vedere	보다	(avere) visto
correre	달리다	(avere/essere) corso
vivere	살다	(avere/essere) vissuto

노벨상

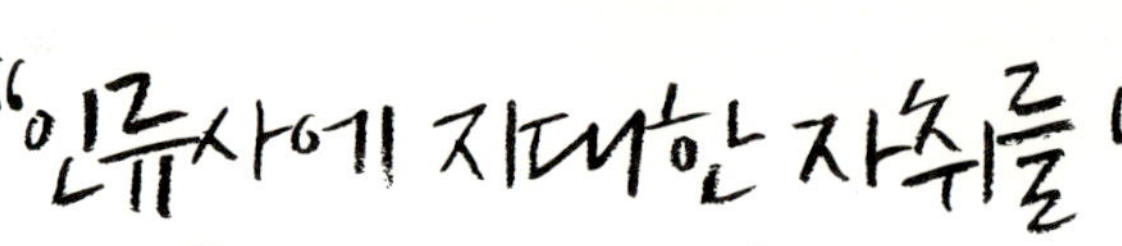

"인류사에 지대한 자취를 남긴 이탈리아노, 이탈리아노!"

Personaggi italiani famosi

노벨상은 1901년에 제정되어 매년 12월 10일 5개 부문(문학상, 평화상, 생리의학상, 화학상, 물리학상)의 수상식을 거행한다. 이후 1968년에는 '알프레드 노벨 기념 스웨덴 중앙은행 경제학상'이 추가되어 오늘에 이른다. 지금까지 이탈리아는 노벨상 6개 전 부문에서 수상하였으며 수상자는 현재 20명에 이른다.

카밀로 골지Camillo Golgi (1906, 생리의학)

조수에 카르투치Giosuè Carducci (1906, 문학)

에르네스토 모네타Ernesto Teodoro Moneta (1907, 평화)

굴리엘모 마르코니Guglielmo Marconi (1909, 물리학)

그라치아 델레다Grazia Deledda (1926, 문학)

루이지 피란델로Luigi Pirandello (1934, 문학)

엔리코 페르미Enrico Fermi (1938, 물리학)

다니엘 보베Daniel Bovet (1957, 생리의학)

살바토레 콰지모도Salvatore Quasimodo (1959, 문학)

에밀리오 세그레Emilio Segrè (1959, 물리학 공동수상)

줄리오 나타Giulio Natta (1963, 화학 공동수상)

살바토레 루리아Salvatore Edoardo Luria (1969, 생리의학)

에우제니오 몬탈레Eugenio Montale (1975, 문학)

레나토 둘베코Renato Dulbecco (1975, 생리의학)

카를로 루비아Carlo Rubbia (1984, 물리학 공동수상)

프랑코 모딜리아니Franco Modigliani (1985, 경제학)

리타 레비몬탈치니Rita Levi–Montalcini (1986, 생리의학)

다리오 포Dario Fo (1997, 문학)

리카르도 자코니Riccardo Giacconi (2002, 물리학 공동수상)

마리오 카페키Mario Capecchi (2007, 생리의학 공동수상)

알리기에리 단테(Alighieri Dante)

주세페 베르디(Giuseppe Fortunino Francesco Verdi)

갈릴레오 갈릴레이(Galileo Galilei)

프란체스코 페트라르카(Francesco Petrarca)

노벨상을 언급하지 않더라도 인류사에 지대한 영향을 끼친 이탈리아인은 참으로 많다. 이탈리아의 3대 문인인 알리기에리 단테, 프란체스코 페트라르카, 조반니 보카치오, 탐험가인 마르코 폴로, 크리스토퍼 콜롬버스, 아메리고 베스푸치, 과학의 영역에서 지동설을 주장한 갈릴레오 갈릴레이, 축전지를 발명한 알레산드로 볼타, 현대 무선혁명의 창시자이자 노벨물리학상 수상자인 굴리엘모 마르코니, 전화기를 최초로 고안한 안토니오 메우치, 원자로를 고안해낸 엔리코 페르미, 컴퓨터 중앙처리 장치를 만든 페데리코 파진, 음악의 영역에서 이름을 떨친 주세페 베르디, 조아키노 로시니, 자코모 푸치니, 안토니오 비발디, 영화의 영역에서 이름을 빛낸 피에르 파올로 파솔리니, 페데리코 펠리니, 로베르토 로셀리니, 비토리오 데 시카, 루키노 비스콘티, 천재 건축가들이었던 미켈란젤로 부오나로티, 필립포 브루넬레스키 그리고 위대한 화가들인 레오나르도 다빈치, 조르지오 바사리, 산드로 보티첼리, 벤베누토 첼리니, 지오토 디 본도네, 미켈란젤로 메리지('카라바조') 등 이탈리아인은 인류사의 여러 영역에서 지대한 자취를 남겼다.

크리스토퍼 콜럼버스(Christopher Columbus)

미켈란젤로 부오나로티(Michelangelo Buonarroti)

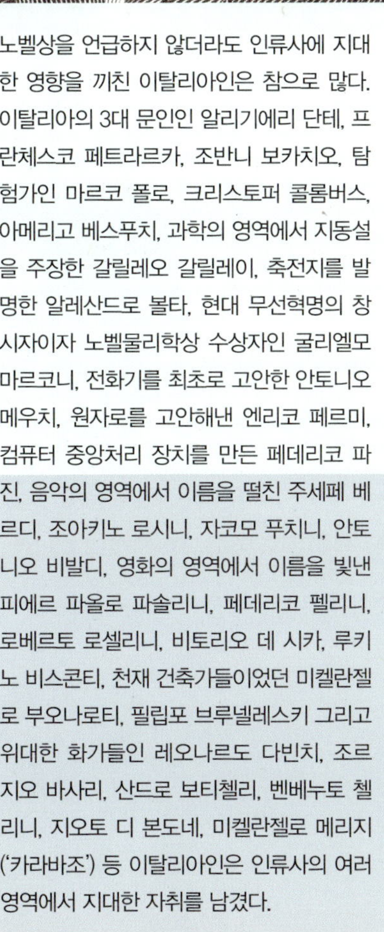
레오나르도 다빈치(Leonardo da Vinci)

마르코 폴로(Marco Polo)

레오나르도 다빈치의
비트루비안 맨(Vitruvian Man)

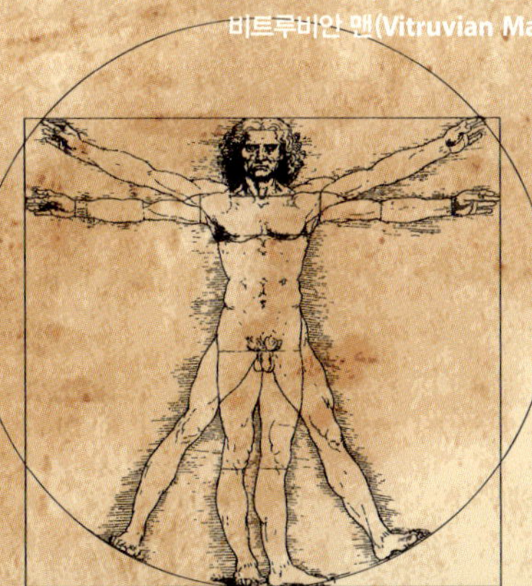

레오나르도 다빈치가 그린 초상화
모나리자(Mona Lisa)

Ho preso il raffreddore.
감기에 걸렸어요.

- 동사가 (valenza dei verbi)
- 대명사의 사용

Luana	**Buongiorno, signore.**
Farmacista	**Buongiorno, mi dica. Cosa posso fare per Lei?**
Luana	**Ho preso il raffreddore, e ho qui la ricetta del medico.**
Farmacista	**Vediamo ... Ecco a Lei la medicina. Deve prenderla tre volte al giorno.**
Luana	**Questa medicina ha degli effetti indesiderati, per caso?**

만세
포인트

1 감기에 걸렸어요.
Ho preso il raffreddore.

완료과거인 근과거의 형태 중에 타동사는 'avere+과거분사'의 형태를 갖는다. 근과거에서 표현하고자 하는 동사가 의미적으로 목적어를 갖는 동사이면 기본적으로 'avere+과거분사(-o)'의 형태를, 목적어를 갖지 않는 동사이면 기본적으로 'essere+과거분사(-o/-i/-a/-e)'의 형태를 갖게 된다.

2 이 약 혹시 부작용은 없나요?
Questa medicina ha degli effetti indesiderati, per caso?

'혹시', '경우에 따라'의 뜻으로 "per caso"의 표현이 쓰인다.

Farmacista	**Sì, il paracetamolo crea uno stato di sonnolenza, per questo deve stare a letto, in casa.** **Le consiglio di bere molti liquidi, e ecialmente il tè, per l'idratazione del corpo.**
Luana	**Sì, ho capito. Quanto Le devo?**
Farmacista	**Mi deve 12 euro.**
Luana	**Ecco a Lei. Grazie, Signore. Buona giornata.**
Farmacista	**Grazie a Lei! ArrivederLa!**

farmacia 약국
farmacista 약사
raffreddore 감기
medico 의사
ricetta 처방전
medicina 약
volta 번, 회
effetto 효과
indesiderato 원치않는
per caso 혹시
paracetamolo 감기약
creare 만들어내다, 초래하다
stato 상태
sonnolenza 졸리움
letto 침대
consigliare 조언하다
liquido 액체
specialmente 특히
tè 티, 차
idratazione 수분공급
corpo 몸
dovere ～해야한다

루아나	안녕하세요.
약사	안녕하세요. 무엇을 도와드릴지 말씀해 보세요.
루아나	감기에 걸렸는데 [1] 여기 의사 선생님 처방이 있어요.
약사	어디 봅시다… 여기 있습니다. 하루에 세 번 드셔야 해요.
루아나	이 약 혹시 부작용은 없나요? [2]
약사	네, 약간 졸릴 수 있으니 가능한 집 침대에 계세요. 수분 유지를 위해 음료 많이 드시고, 특히 차 같은 거 많이 드세요.
루아나	네, 알겠습니다. 얼마 드려야 하나요? [3]
약사	12유로 주시면 됩니다.
루아나	여기 있습니다. 감사합니다. 좋은 하루되세요.
약사	고마워요! 안녕히 가세요!

3 얼마 드려야 하나요?
Quanto Le devo?

대화라는 것은 콘텍스트 속에서 이루어지는 결과물이다. 따라서 언제나 정형화된 문장으로만 말하지 않으며 생략된 요소들이 존재한다. 위의 문장들은 "Quanto Le devo (pagare i soldi)?". "Mi deve (pagare) 12 euro."의 생략된 형태이다.

Quanto Le devo?　얼마 드려야 하나요?
Mi deve 12 euro.　12유로 주세요.

1 동사가 (valenza dei verbi)

모든 문장은 동사가를 반드시 충족해야 한다. 의미적인 관점에서 모든 동사는 네 가지 카테고리 중의 하나에 속하게 되는데 구성하고자 하는 문장에서 어떤 동사가 사용될 경우 그 동사 주변에 반드시 동반되어야 할 논항(argomenti)의 갯수가 정해진다.

0가의 동사류: piovere, nevicare, grandinare …

1가의 동사류: camminare, passeggiare, arrivare …

2가의 동사류: mangiare, bere, lanciare …

3가의 동사류: dire, dare, regalare …

piove!/nevica!	비가 온다!/눈이 온다!
Luigi passeggia.	루이지는 산책을 한다.
Maria mangia una pizza.	마리아가 피자를 먹는다.
Marco regala un libro a Silvia.	마르코는 실비아에게 책 한 권을 선물한다.

문장론의 관점에서 논항이 아닌 요소들(circostanziali)은 등장할 수도 안할 수도 있는 부수적인 요소이며 문장 형성에서 꼭 필요한 사항은 아니다.

Piove molto!	비가 많이 온다!
Luigi cammina per la strada.	루이지가 길을 걷는다.
Maria mangia una pizza in fretta.	마리아가 피자를 급히 먹는다.

이탈리아어의 문장들은 이러한 논항가를 철저히 준수하고 있다. 우리말과 달리 직접목적 대명사가 출현하는 것은 바로 그러한 이유 때문일 것이다.

?? lo so. (문장 미완결)

Lo so. (2가 충족 완결)

?? Non so. (문장 미완결)

Non lo so (2가 충족 완결)

따라서 "Prendi caffè?(커피 마실래?)"라는 질문에 대한 대답은 "Sì, lo prendo(응, 그거 마실래)"
라고 함으로써 2가의 동사인 prendere의 논항가를 만족시키게 된다.

2 대명사의 사용

우리말도 그렇지만 이탈리아어 회화에서는 대명사의 사용이 현저하다. 앞선 질문에서 언급된
명사(구)를 '그것'으로 전환시켜 답하는 것이다.

Hai mangiato la mela?	사과 네가 먹었어?
Sì, ho mangiato la mela.	응. 사과 내가 먹었어.
Sì, L'ho mangiata.	응. 그거 내가 먹었어.

Hai saputo che Silvia è partita per Londra, ieri?	실비아가 어제 런던으로 떠난 것 들었어?
Sì, l'ho saputo.	응. 그 소식 들었어.

조동사+원형동사가 들어있는 문장에 대명사가 존재할 경우 대명사는 동사에 전접과 후접이 모
두 가능하다.

Deve prendere le medicine.	약을 먹어야 합니다.
= Le deve prendere.	
= Deve prenderle.	

Voglio comprare una nuova FIAT.	새 피아트 자동차를 사고 싶다.
= La voglio comprare.	
= Voglio comprarla.	

1. 다음을 이탈리아어로 말하세요.

1) 자외선 차단 크림 있나요?

➜ ____

2) 무엇을 먹으면 안 되나요?

➜ ____

3) 외출해도 되나요?

➜ ____

4) 잠을 잘 못자요.

➜ ____

5) 하루에 세 번 먹나요?

➜ ____

6) 두통약 주세요.

➜ ____

7) 소화제가 필요해요.

➜ ____

8) 심한 감기에 걸렸어요.

➜ ____

9) 진통제 좀 주세요.

➜ ____

10) 상처용 밴드 좀 주세요.

➜ ____

2. 다음 문장을 이탈리아어로 작문하세요.

1) 내가 왜 이탈리아어를 공부하는지 나도 모르겠다.

➜ ____

2) 그는 이탈리아에서 패션 공부를 하려고 언어학교에서 이탈리아어를 공부한다.

➜ ____

3) 사람들은 외국어 지식이 인생에서 분명 유용하다고 말한다.

→ ____

4) 태양은 지구 주위를 돌고 있다.

→ ____

5) 이탈리아어를 잘 말하고 싶지만 생각처럼 하기가 쉽지 않다.

→ ____

6) 나는 도시의 길을 걷는다.

→ ____

7) 요 며칠 눈이 너무 많이 내리네요.

→ ____

8) 그에게 그걸 선물할래요.

→ ____

9) 그 (얘기) 이미 들었어요.

→ ____

10) 거기에 가고 싶어요.

→ ____

3. 다음 문장 속의 한 요소를 대명사로 받아 각각 전접과 후접의 형태로 만드세요.

1) Devo finire questo lavoro.

→ ____

2) Non devi mangiare dolci.

→ ____

3) Potete usare la matita.

→ ____

4) Vuole studiare l'italiano.

→ ____

5) Vogliono andare in Italia.

→ ____

15-2. MP3 · 15

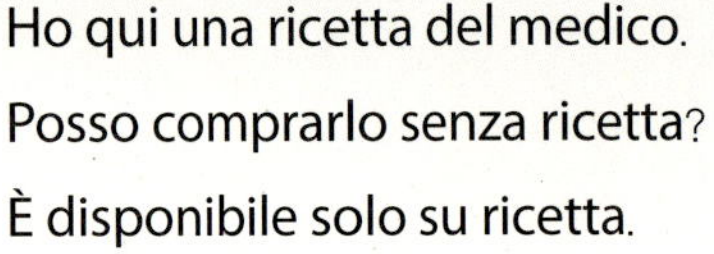

Ho qui una ricetta del medico.	여기 의사처방전 있습니다.
Posso comprarlo senza ricetta?	처방전 없이 살 수 있나요?
È disponibile solo su ricetta.	처방전이 있어야만 합니다.
Avete qualcosa contro~?	~에 쓸 약 있나요?
Può consigliarmi qualcosa contro~?	~에 쓸 약 추천해 주시겠어요?
~mal di gola	목 아픈 데
~le labbre screpolate	입술 튼 데
~la tosse	기침에
~i malesseri da viaggio	차멀미에
~il piede dell'atleta	무좀
Soffro di~.	~로 괴로워요.
~indigestione	소화가 안돼서
~diarrea	설사 때문에
~febbre da fieno	고열로
Come usare il medicinale	약 사용법
adulti e ragazzi sopra i 12 anni	12세 이상의 청소년 및 성인
1-2 compresse due-tre volte al giorno	1일 2–3회 1–2정
3 gocce, tre volte al giorno	하루 3회 3방울
non superare le 3 capsule giornaliere	하루 3캡슐을 넘지 않아야 함
dopo i pasti	식후에
a stomaco vuoto/a digiuno	빈속에
usare solo per brevi periodi di trattamento	단지 며칠만 사용할 것
non superare le dosi consigliate	권고량을 넘지 말 것
dopo una settimana di trattamento senza risultati apprezzabili consultare il medico	일주일 복용 후 효과 없으면 의사에게 의뢰
evitare di bere alcol/di fumare	술/담배는 삼가

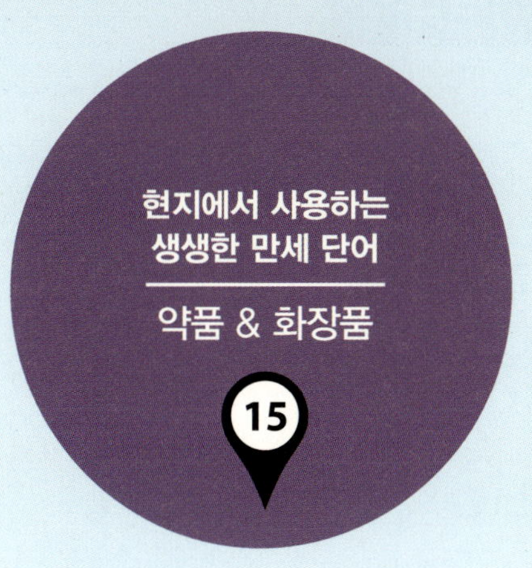

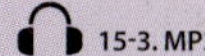

ricetta	처방전	termometro	온도계
medicina	약	benda	붕대
compressa	정제	cerotto	밴드
pillola	알약	fazzoletto di carta	티슈
capsula	캡슐	omogeneizzati	유아식
supposta	좌약	preservativo	남성용품
sciroppo	시럽	assorbente igienico	여성용품
antibiotici	항생제	lenti a contatto	콘택트 렌즈
antidolorifici	진통제	pannolini	기저귀
tranquillanti	진정제	trucchi	화장
antistaminici	알러지 항히스타민제	eyeliner	아이라이너
antinfiammatori	소염제	ombretto	아이섀도
sonniferi	수면제	cipria	페이스파우더
antisettici	방부제	fondotinta	파운데이션
aspirina	두통약	tinta per capelli	머리염색
sciroppo per la tosse	기침약	cera per capelli	헤어왁스
pastiglie anti diarea	설사약	crema per le mani	핸드크림
pastiglie per lo stomaco	위장약	lucidalabbra	립글로스
collirio	점안약	rossetto	립스틱
vitamine	비타민	smalto per le unghie	매니큐어
crema protezione solare	자외선 차단 크림	crema idratante	모이스처 크림

맛의 역사

"얼굴을 뜻하는 '살라리오'는 소금을 뜻하는 '살레'에서 유래했어요!"

Aromi e spezie

인간의 역사 속에서 그 사용이 가장 오래된 양념이라 한다면 다름 아닌 소금(sale)일 것이다. 과거 시대에 있어 소수 몇 몇 민족만이 그것을 생산할 줄 알았고 수요에 비해 생산이 적어 소금은 경제적 가치가 높은 물질이었다. 고대 그리스인 들은 소금을 사용할 줄 모르는 민족을 야만인으로 여겼고 로마인들은 로마와 동쪽의 아드리아 해를 연결하는 도로의 이름을 소금 길(Via Salaria)이라 불렀으며 지금도 로마에는 이 길의 지명이 존재한다.

소금은 음식에 간을 하고 오랜 기간 보존하는 데 탁월한 효과가 있는 물질이었을 뿐만 아니라 병을 치유하고 주술 의 식과 종교행사에 등장하는 중요한 물질이었다. 오랜 기간 군인들의 급여는 소금으로 지급된 적도 있으며 이로부터 유 래한 '월급'이란 단어는 이탈리아어로 살라리오(salario)라고 한다. 이탈리아어에서는 '매우 비싼 가격'을 지칭할 때 '소 금 친 가격(prezzo salato)'이라는 표현을 쓰기도 하고, 멍청한 사람을 이를 때 '머리에 소금기가 적다(ha poco sale in zucca)'라고 말하기도 한다. 소금은 요리에서 최대의 그리고 최소의 양념인 셈이다. 이탈리아의 담배 가게는 보통 검은색 네모 바탕에 흰색의 T자로 표시하는데 그 안에는 과거 전매품이었던 소금과 담배(sali e tabacchi)란 글자가 작 게 새겨져 있다. 과거 소금이 이들의 생활에서 얼마나 중요한 품목이었는지를 짐작케 하는 대목이다. 물론 요즘에는 소 금을 슈퍼마켓에서 손쉽게 살 수 있다.

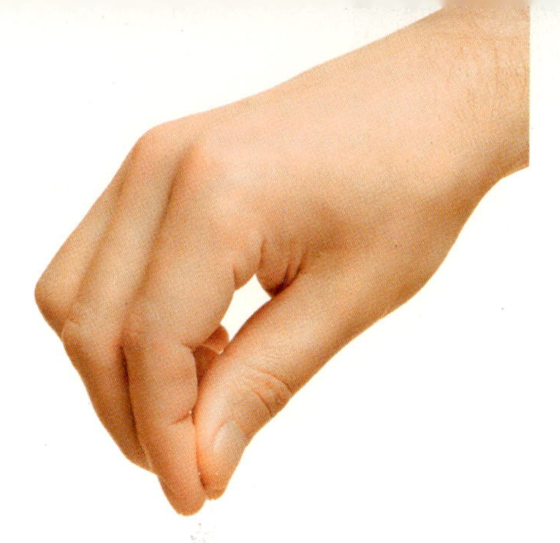

한편 이탈리아인들의 음식에 있어 매우 중요한 또 하나의 재료는 허브이다. 음식이 맛과 향의 결합체인 점을 감안하면 소금과 허브는 단연 기본이 되는 최고의 식재료이리라. 허브는 피자나 파스타의 색과 향, 맛을 완성시키는 역할을 하는 것으로서 오레가노(origano), 바질(basilico), 페페론치노(peperoncino), 세이지(salvia), 파슬리(prezzemolo), 로즈메리(rosmarino), 월계수잎(alloro) 등은 이탈리아 음식에 정말로 잘 어울린다.

Che cosa contiene
il pacco?
이 짐에 무엇이 들었나요?

LEZIONE
16

- 조건법 (Condizionale)
- 조건법 과거의 변형
- 조건법 현재와 조건법 과거의 사용 비교

Mara	Buongiorno, mi dica!
Kim	Vorrei spedire un pacco in Corea.
Mara	Bene. Che cosa contiene il pacco?
Kim	Scarpe, vestiti e libri.
Mara	Ci sono oggetti di valore?
Kim	No, sono solo cose di poca importanza, ma non voglio portarli a mano.
Mara	Può inviarli per via aerea.
	In dieci giorni al massimo arriva a destinazione.

만세
포인트

1 소포 안에 무엇이 들었나요?
Che cosa contiene il pacco?

직역하면 "이 짐은 무엇을 함유하고 있나요?"로, 의미가 통한다 해도 늘 우리말과 표현법이 다를 수 있음에 유의하여야 한다. 그리고 "Sono dei libri"와 같은 부정관사의 복수 형태는 그 사용이 점차 사라져가는 추세에 있다.

Che cosa contiene il pacco? 이 짐에 무엇이 들었나요?
Sono libri. 책입니다.

2 값나가는 물건이 있나요?
Sono oggetti di valore?

이 또한 표현법이 우리말과 차이가 있으니 머리로 분석하고 입으로 암기해야 할 또 다른 예일 것이다.

Sono oggetti di valore? 값 나가는 물건인가요?
Sono di poca importanza. 중요치 않은 것들이에요.

Kim	**Quanto verrebbe a costare?**
Mara	**Dipende dal peso. Per un pacco fino a tre chili saranno circa 50 euro. Se lo vuole assicurare, deve pagare 6 euro in più.**
Kim	**Bene, lo voglio spedire con l'assicurazione.**
Mara	**Ok. Per un pacco di 20 chili sono ottocentosessanta euro e dodici centesimi.**
Kim	**Ecco a Lei.**
Mara	**Perfetto! Grazie. Arrivederci.**
Kim	**Arrivederci.**

마라	안녕하세요, 말씀하세요!
김	한국에 소포 하나 보내고 싶어요.
마라	소포 안에 무엇이 들어 있나요? [1]
김	신발, 옷, 책들이요.
마라	값나가는 물건이 있나요? [2]
김	아니요, 그다지 중요한 것들은 아니고, 들고 가기 뭐해서 부치려고요.
마라	비행기로 부칠 수 있고요. 최대 10일 안에 목적지에 도착합니다.
김	가격이 얼마나 될까요? [3]
마라	무게에 따라 다릅니다. 3킬로까지는 약 50유로 정도입니다. 보험을 원한다면 6유로를 더 내셔야 합니다.
김	네, 보험과 함께 부치겠습니다.
마라	좋아요. 20킬로 소포니까 86.12유로네요.
김	여기 있습니다.
마라	다 됐습니다! 감사합니다. 안녕히 가세요.
김	안녕히 계세요.

dire 말하다
spedire 보내다
pacco 짐, 소포
contenere 포함하다
scarpe 신발
oggetto 물건
vestito 옷
di valore 가치 있는
poco 조금의
importanza 중요성
portare 가져가다
a mano 손에
inviare 부치다
per via aerea 비행기로
al massimo 최대한
destinazione 목적지
venire a costare 가격이 나가다
dipende da ～에 달리다
peso 무게
fino a ～까지
assicurare 보증하다
in più 더
assicurazione 보험
pagare 지불하다
perfetto! 오케이!

3 가격이 얼마나 될까요?
Quanto verrebbe a costare?

'Quanto viene?'의 표현에 불확실성과 겸양의 뉘앙스를 담기위해 venire 동사의 조건법 동사가 쓰이고 있다. 이 동사는 verrei, verresti, verrebbe, verreste, verrebbero의 조건법 현재 변형을 한다.

1 조건법 (Condizionale)

조건법은 실현 가능한 희망, 개인적인 의견, 상상, 위로, 부탁, 조언, 가정, 요청 등을 보다 예의바르게 혹은 보다 부드럽게 표현할 때 직설법 대신 사용하며 그 형태는 다음과 같다.

1. 조건법 현재 규칙변형

-are: -erei, -eresti, -erebbe, -eremmo, -ereste, -erebbero

-ere: -erei, -eresti, -erebbe, -eremmo, -ereste, -erebbero

-ire: -irei, -iresti, -irebbe, -iremmo, -ireste, -irebbero

-ciare - giare > comincerei, ... mangerei, ...

-care -gare > cercherei, ... pagherei, ...

2. 조건법 현재 불규칙변형

andare: andrei-andresti-andrebbe-andremmo-andreste-andrebbero

bere: berrei-berresti-berrebbe-berremmo-berreste-berrebbero

dare: darei-daresti-darebbe-daremmo-dareste-darebbero

dovere: dovrei-dovresti-dovrebbe-dovremmo-dovreste-dovrebbero

fare: farei- faresti-farebbe-faremmo-fareste-farebbero

potere: potrei-potresti-potrebbe-potremmo-potreste-potrebbero

rimanere: rimarrei-rimarresti-rimarrebbe-rimarremmo-rimarreste-rimarrebbero

sapere: saprei-sapresti-saprebbe-sapremmo-sapreste-saprebbero

stare: starei-staresti-starebbe-staremmo-stareste-starebbero

vedere: vedrei-vedresti-vedrebbe-vedremmo-vedreste-vedrebbero

venire: verrei-verresti-verrebbe-verremmo-verreste-verrebbero

volere: vorrei-vorresti-vorrebbe-vorremmo-vorreste-vorrebbero

Vorrei andare subito a casa.

빨리 집에 가고 싶다.

Secondo me sarebbe meglio non farlo.

내 생각엔 안 하는 게 나을 듯한데.

Vorrei un cappuccino.

카푸치노 한 잔 주세요.

Mi piacerebbe andare in montagna.

산에 가고 싶다.

Sarei molto felice di conoscerla.

그녀를 알게 된다면 무척 기쁘겠다.

Non abiterei mai in una casa così piccola.

그렇게 좁은 집에 살고 싶진 않아.

 **조건법 과거의 변형**

essere 혹은 avere의 조건법 현재변형 + 과거분사

essere: sarei-saresti-sarebbe-saremmo-sareste-sarebbero

avere: avrei-avresti-avrebbe-avremmo-avreste-avrebbero

과거분사(Participio Passato)의 도출: 14과와 19과 내용(avere와 결합하는 과거분사의 형태가 불변인 반면 essere 동사와 결합하는 과거분사의 형태는 언제나 주어와 성수 일치를 이루어야 함에 주의할 것)을 참조하세요.

조건법 과거는 과거에 실현할 수 없었던 희망과 과거의 가정 및 추측을 표현할 때 사용한다.

L'avrei fatto volentieri, ma non avevo tempo.
그걸 기꺼이 했을 텐데 시간이 없었다.

Ci sarei arrivato/a in tempo, ma ho perso il treno.
제 시간에 그곳에 도착했을 텐데 기차를 놓치고 말았다.

Secondo la stampa, Marco e Silvia si sarebbero sposati.
언론에 의하면 마르코와 실비아가 결혼했을 것이라 한다.

조건법 과거의 사용과 관련하여 매우 중요한 사항 중의 하나는 '과거 속의 미래'를 표현한다는 점이다. 주절이 과거로 표현되어 있고 종속절에 조건법 과거가 출현하였다면 조건법 과거의 부분은 주절의 과거보다 시간적으로 나중에 일어날 과거임을 표현하는 것이다.

> **La mamma ha detto una settimana fa che sarebbe venuta ieri a Firenze.**
> 일주일 전 엄마 얘기에 의하면 어제 피렌체에 올 거라 했는데.

> **Enzo ha promesso che si sarebbe sposato con Elena.**
> 엔초는 엘레나와 결혼할 거라고 약속했다.

조건법 과거는 실현하지 못한 과거를 표현하므로 그다음에 올 말은 결국 못했다는 것을 말하려 하는 것이다.

> **Ti avrebbe dovuto dire prima! (ma ti ha detto nulla.)**
> 그/그녀가 네게 먼저 말했어야 했는데! (결국 아무말도 안 했다.)

> **Avrei dovuto comprare la casa il mese scorso! (ma non l'ho comprata.)**
> 지난달에 그 집을 샀어야 하는건데! (못 샀다.)

③ 조건법 현재와 조건법 과거의 사용 비교

1. 조건법 현재의 사용

현재나 과거 속 실현가능한 희망 표현

> **Oggi andrei volentieri in biblioteca a studiare.**　　오늘 공부하러 기꺼이 도서관에 가겠다.

개인적인 의견을 완곡하게, 예의바르게 표현

> **Sarebbe meglio non farlo, come dici tu.**　　네 말처럼 그거 안 하는 게 나을 듯해.

기원, 초대, 권장을 표현

> **Dovresti smettere di fumare subito.**　　너 즉시 금연 하는 게 좋을 듯.

확인되지 않은 사실의 추측을 표현

Secondo i giornali, l'assassino sarebbe una donna.　신문에 의하면 살인자는 여성인 듯.

요청 시 좀 더 겸손하고 예의바르게 표현

Vorrei un cappuccino, per favore.　카푸치노 한 잔 주세요.

2. 조건법 과거의 사용

과거 실현 불가능했던 희망을 표현

Sarei venuta volentieri con te, ma non ho potuto.　너랑 기꺼이 같이 갔을 텐데 그럴 수 없었다.

과거 의문에 대해 개인적 의견을 완곡하게 표현

Non mi sarei comportato così, al posto tuo.　내가 너였다면 그런 식으로 행동 안 했을 거야.

과거 수용되지 않았던 기원, 초대, 권장에 대한 아쉬움을 표현

Avresti dovuto finirlo in tempo.　네가 그걸 제때 끝냈어야만 했는데. (결국 못했다.)

과거 확인되지 않았던 사실의 추측을 표현

Marco si sarebbe ammalato quel giorno.　그날 마르코는 병이 났을 것이다.

과거 시제 속의 미래를 표현

Mario ha detto una settimana fa che sarebbe venuto ieri.
일주일 전 마르코는 어제쯤 올 것이라고 말했었는데.

 **1.** 다음 물음에 답하세요.

1) Che cosa contiene il pacco?

➜ ____

2) C'è qualche oggetto di valore?

➜ ____

3) Vuole l'assicurazione per il pacco?

➜ ____

4) Qual è la destinazione di questo pacco?

➜ ____

5) Preferisce spedirlo per via aera?

➜ ____

2. 적절한 전치사로 문장을 완성하세요.

1) Vorrei mandare un pacco _____________ Corea.

2) Ci sono oggetti _____________ valore?

3) Non voglio portarli _____________ mano.

4) Dipende _____________ peso.

5) Tutto _____________ posto.

 **3.** 다음 동사들을 적절한 조건법 현재 형태로 변형하세요.

1) (Io, avere) _______________ bisogno di partire.

2) (Io, volere) _______________ leggere il giornale d'oggi.

3) Domenica andiamo al lago. (Tu, venire) _______________ con noi?

4) (Io, potere) _______________ chiederLe un'informazione?

5) (Tu, avere) _______________ bisogno di riposare

6) Scusate! (Voi, sapere) _______________ dirmi a che ora comincia la lezione?

7) (Io, volere) _______________ sapere quando c'è il prossimo treno per Napoli.

8) Con questo caldo, mi (piacere) _______________ bere una birra fredda.

9) Che cosa (essere) _______________ questo?

10) Secondo le previsioni del tempo, domani (fare) _______________ bel tempo.

11) Massimo e Enzo (partecipare) _______________ alla gara.

12) Al posto tuo, non lo (fare) _______________.

13) Noi (potere) _______________ portare dolci. Loro porteranno vino.

14) Luisa, (potere) _______________ chiamare Patrizia?

15) Scusi, mi (sapere) _______________ dire dov'è la piazza Gazibaldi?

우체국

 16-2. MP3 

Vorrei spedire una lettera all'estero.	외국으로 편지 한 통 부치고 싶습니다.
Qual è la destinazione?	어디로 부치게요?
Seoul, Corea	한국 서울이요.
Quando arriverebbe se la spedisco ora?	지금 부치면 언제쯤 도착할까요?
Arriverà fra una settimana.	1주일 후면 도착합니다.
Preferisce spedirla per posta prioritaria?	등기우편으로 부치시겠어요?
Sì, grazie.	네, 감사합니다.
Vorrei mandare questo pacco in Corea.	이 소포를 한국에 보내고 싶어요.
Che cosa contiene il pacco?	무엇이 들었나요?
Sono libri.	책입니다.
Intanto pesiamolo.	무게를 잽시다.
Quanto viene?	얼마인가요?
Fino a 10 chili, quaranta euro.	10킬로까지 40유로예요.
Vuole l'assicurazione per la spedizione?	발송을 위한 보험 드시겠어요?
Sì.	네.
Allora deve pagare 6 euro in più.	그럼 6유로 더 내셔야 해요.
Va bene.	좋습니다.

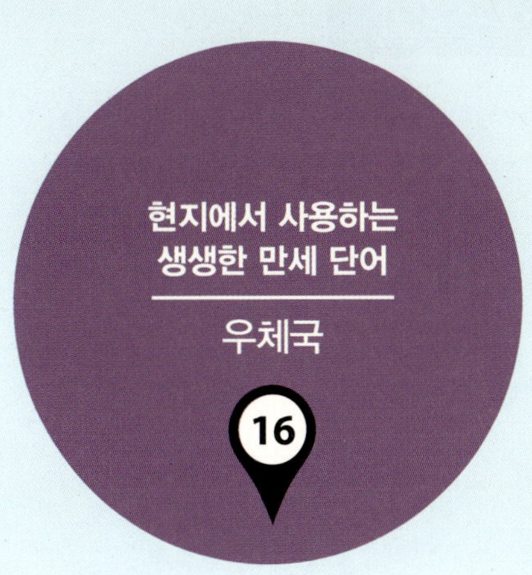

spedire	부치다
mandare	보내다
pagare	지불하다
conto	빌, 고지서
compilare	작성하다
modulo	양식
posta ordinaria	보통우편
posta prioritaria	특급우편
cartolina	엽서

rimborso in caso di smarrimento	분실 시 환불
abbonamento tv	tv정기권
oggetti fragili	깨지기 쉬운 물품
bollette	고지서
bollettino per versamenti	납입 고지서
postino	우편배달부
impiegato/a	사원
furgone	소형화물차
sportello	창구

busta	봉투
lettera	편지
pacco	소포
francobollo	우표
bollo	인지
timbro	소인
consegna garantita	등기

coda	꼬리
fila	줄, 열
cassetta postale	우편함
buca delle lettere	거리의 우체통
cabina automatica per fototessere	포토부스
fotocopiatrice	복사기

르네상스

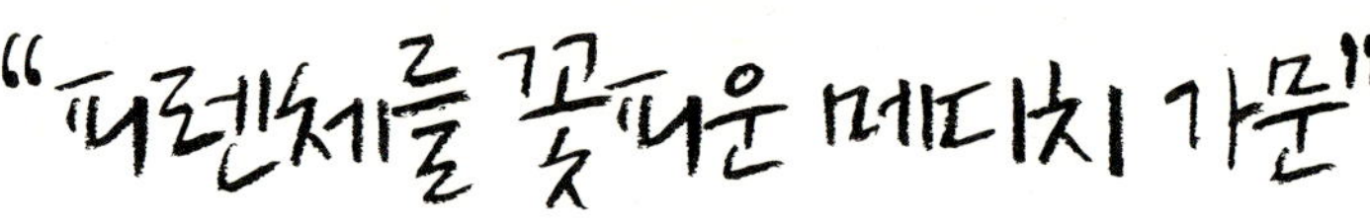

"피렌체를 꽃피운 메디치 가문"
Il Rinascimento

르네상스(Rinascimento)란 재생 내지 부활을 의미하는 문화운동으로서 찬란했던 과거로의 복귀를 표방한다. 봉건체제의 붕괴 후 도시 경제가 발달했던 14–16세기의 이탈리아에서는 고전의 아름다움과 인간중심의 새 안목이 강조되었다. 이 문화운동의 영향으로 시민 계층이 성장하고 문학, 예술, 철학, 과학의 영역이 발전하며 경제, 사회, 정치의 근대화가 도래하였다. 그동안 견고히 유럽을 지배해 왔던 신 중심의 사고가 물러나고 개인의 개성이 강조되는 시대가 된 것이다.

이 시기에 학문과 예술을 후원하여 피렌체가 르네상스 제일의 도시로 성장하는데 결정적인 역할을 한 가문이 있었으니 그 이름은 메디치 가문이다. 메디치 가는 평범한 시민 계층이었으나 유럽 전역 및 교황청과의 금융업을 통해 막대한 부를 축적하고 피렌체의 행정관 직에 오름으로써 정계에 발을 디디게 되었다. 귀족에게만 유리했던 세금제도를 시민에게 유리하게 개혁하였으며 문예부흥에 아낌없는 후원을 하였다. 르네상스의 대표 도시 피렌체의 역사는 400년에 이르는 기간 동안 막강한 영향력을 행사했던 메디치 가의 역사와 궤를 함께한다. 우리가 들어본 메디치 가의 인물들은 문예부흥을 위해 아낌없는 후원을 하였다. 메디치 가에서는 세 명의 교황(레오 10세, 클레멘테 7세, 레오 11세)이 배출되었으며 십여 명에 이르는 메디치의 여성들이 유럽의 왕가와 혼인한다. 대표적으로 프랑스 왕실의 프랑수아 및 앙리 2세의 부인이었던 카테리나는 그녀의 아들을 통해 한때 프랑스를 통치하기도 하였다.

메디치 가의 사람들 가운데 기억하면 좋을 몇몇 인물들이 있다. 조반니 디 비치(1360-1429)는 메디치은행을 창설하고 막대한 부를 바탕으로 정계에 진출하여 사법행정관(Gonfaloniere di Giustizia)의 자리에 오른 초기 메디치 가의 인물이다. 그의 아들인 코지모(1389-1464, 코지모 일 베키오)는 구 지배층에 대립하다 추방을 당하기도 하였지만 부와 시민 계층의 지지를 바탕으로 복귀하여 문예부흥에 지대한 후원을 하였다. 조반니 디 비치의 손자로서 메디치 가 번영의 상징이자 피렌체의 영주이었던 로렌초(1449-1492, 로렌초 일 마니피코)는 진정 문예를 사랑한 인문주의자였으며 피렌체의 르네상스를 최고의 자리에 있게 한 인물이었다. 로렌초는 교황 식스투스 4세를 등에 업은 파치 가의 음모를 격퇴하고 피렌체에 대항한 시에나-나폴리 연합에서 나폴리의 페르디난도 1세를 설득하는 외교 능력을 발휘함으로써 피렌체에 평화를 가져왔다. 말년에 사보나롤라에 의해 타락한 부패자라는 비난을 받기도 하였지만 일생 동안 보티첼리, 미켈란젤로와 같은 예술인들을 적극적으로 발굴하고 후원하였다. 피렌체의 두 번째 대공이자 토스카나의 첫 통치자로 이름이 알려진 코지모 1세(1519-1574) 또한 문예와 과학을 장려하는 데 있어서만큼은 힘을 아끼지 않았으니 메디치 가는 이탈리아 문예부흥을 이끈 진정한 선구자 가문이었다.

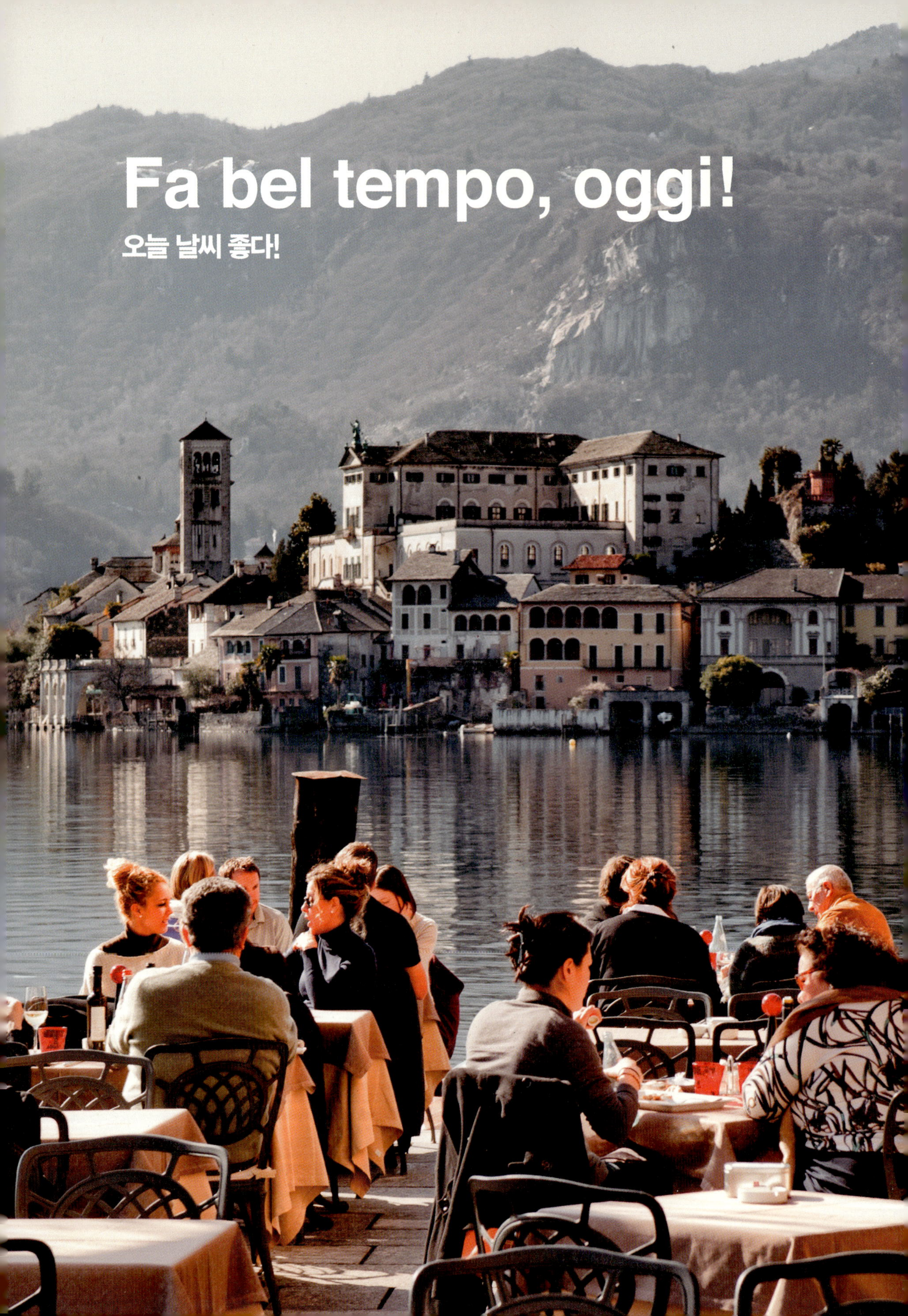
Fa bel tempo, oggi!
오늘 날씨 좋다!

LEZIONE 17

- 가정문
- 사역동사
- 반과거(비완료과거)
- 직설법 시제의 일치

Mario	Fa bel tempo, oggi!
Luca	Sì, finalmente è uscito il sole.
Mario	Mi dai una mano? Vorrei comprare qualche souvenir per i miei amici!
Luca	Nessun problema! Puoi andare a Valmontone.
	C'è un grande centro commerciale a trenta chilometri da Roma.
	Dentro il complesso, ci sono vari negozi dove fanno sconti tutto l'anno.
	È il posto ideale per lo shopping. Se vuoi, ti ci accompagno io.
Mario	Grazie, sei un vero amico. Ma quando possiamo andarci?
Luca	Quando vuoi. Possiamo andarci anche oggi pomeriggio.

만세
포인트

1 오늘 날씨 좋다!
Fa bel tempo, oggi!

영어에서 날씨 표현에 가주어 It를 쓰는 것처럼 이탈리아어에서는 날씨표현에
fare 동사의 3인칭 단수 형태를 쓴다.

Che tempo fa oggi? 오늘 날씨 어때요?
Fa bel tempo. / Fa brutto tempo.
날씨 좋네요. / 안 좋은 날씨네요.

2 1년 내내 할인해주는 여러 가게들이 있어.
Ci sono vari negozi dove fanno sconti tutto l'anno.

관계대명사 dove는 in cui를 대신하고 있다. 대표적인 관계대명사 che는 주
격, 목적격 관계대명사로만 쓰이므로 종속절의 주어 내지 목적어 위치에서 빠져나
온 명사구가 선행사일 수 있다. 하지만 위 문장에서 가게(negozi)는 무생물로서
fare 동사의 주체가 될 자격이 없으므로 che 이하에서 빠져나온 선행사가 아니다.

Mario	Entriamo in questo negozio!
Luca	Buongiorno!
Commessa	Buongiorno, posso aiutarvi?
Mario	Sì, grazie. Che cos'è questo?
Commessa	È un portafoglio. Le faccio vedere. È fatto a mano. Viene 50 euro.
Mario	È proprio bello, mi piace molto. Lo prendo. E prendo anche queste cravatte.
Commessa	Va bene. In tutto, sono duecentoventi euro. Grazie mille, Ecco a Lei lo scontrino. Arrivederci!
Mario/Luca	Grazie a lei, arrivederLa!

마리오	오늘 날씨 좋다! [1]
루카	그러게, 드디어 해가 나왔어.
마리오	친구, 날 좀 도와줄래? 내 친구들 선물 사고 싶거든!
루카	걱정 매! 발몬토네에 가면 돼. 로마에서 30킬로에 있는 그곳에 대형 쇼핑몰이 있어. 몰 안에는 1년 내내 할인해주는 여러 가게들이 있어. [2] 쇼핑하기 딱 좋은 곳이지. 원한다면 내가 같이 가줄게.
마리오	고마워, 넌 나의 진짜 친구! 언제 거기 갈 수 있어?
루카	언제라도, 오늘 오후라도 갈 수 있어..
마리오	여기 들어가 보자!
루카	안녕하세요!
점원	안녕하세요, 뭘 도와드릴까요?
마리오	네, 감사합니다. 이건 뭔가요?
점원	지갑이에요. 보여드릴게요. [3] 직접 손으로 만들었어요. 50유로입니다.
마리오	예뻐요, 맘에 드네요, 그거 살게요, 그리고 이 넥타이들도.
점원	좋습니다. 전부해서 220유로입니다. 감사합니다, 영수증 여기있어요, 안녕히 가세요!
마리오/루카	감사합니다, 또 봬요!

3 당신께 보여 드릴게요.
Le faccio vedere.

'fare+원형동사'의 형태는 '~하게 하다'의 뜻을 의미하는 사역동사에 해당한다.

acquisto 구입	
commesso/a 점원	
tempo 날씨	
finalmente 드디어	
uscire 나가다	
sole 태양	
dare una mano 도와주다	
souvenir 선물	
problema 문제	
centro 센터	
commerciale 상업의	
dentro 안에	
complesso 대단지	
negozio 상점	
sconto 할인	
posto 자리, 곳	
ideale 이상적인	
accompagnare 동반해주다	
pomeriggio 오후	
entrare 들어가다	
aiutare 도와주다	
scontrino 영수증	
portafoglio 지갑	
è fatto~ 만들어지다	
cravatta 넥타이	
scontrino 영수증	

1 가정문

가정문은 se로 시작되는 조건절과 그로 인한 귀결절로 구성되며 세 가지 류의 가정문이 존재한다. 가정문을 이해하기 위해서는 직설법뿐만 아니라 조건법과 접속법에 대해서도 알아야 하는데 조건법에 대해서는 16과, 접속법에 대해서는 18과에서 다루고 있으므로 이를 참조하기 바란다.

1. 현실의 가정문

Se posso, lo faccio.   할 수만 있다면 그걸 하겠다.
(se+직설법 현재+직설법 현재)

Se potrò, lo farò.   할 수만 있다면 그거 할게.
(se+직설법 미래+직설법 미래)

2. 가능성의 가정문

Se potessi, lo farei.   할 수 있다면 그걸 할 수 있을텐데.
(se+접속법 반과거+조건법 현재)

Se gli studenti fossero come lui, gli insegnanti diventerebbero pazzi.
학생들이 그 애와 같다면 선생님들이 미칠 것이다.
(se+접속법 반과거+조건법 현재)

3. 비현실의 가정문

Se avessi potuto, lo avrei fatto.   내가 할 수만 있었다면 그거 했을 것이다.
(se+접속법 대과거+조건법 과거)

Se potevo, lo facevo.   내가 할 수만 있었다면 그거 했을 것이다.
(se+직설법 반과거+직설법 반과거)

위의 세 가지 모델의 가정문 외에도 도치나 혼합 패턴의 가정문이 가능하다.

Ti aiuto, se posso.   할 수 있다면 널 도울게. (도치)

Se posso, ti aiuterò.   할 수 있다면 널 도울게. (시제 혼합)

Se tu fossi una persona onesta, non avresti fatto così.
네가 정직한 사람이라면 그렇게는 안했을 것이다. (시제혼합)

② 사역동사

"~하게 하다"와 같은 사역동사 구문은 "fare의 변형+원형동사"의 형태로 만든다.

Lo faccio parlare.   그가 말하게 하겠다.

Le faccio vedere.   당신에게 보여줄게요.

Ho fatto riparare la macchina.   차를 고쳤다(차를 고치게 했다).

Mi sono fatto tagliare i capelli. 머리 잘랐다.

(Mi sono tagliato/a i capelli 혹은 Mi hanno tagliato i capelli의 의미로 사용)

③ 반과거(비완료과거)

1. 형태

essere: ero-eri-era-eravamo-eravate-erano

avere: avevo-avevi-aveva-avevamo-avevate-avevano

parlare: parl-avo, parl-avi, parl-ava, parl-avamo, parl-avate, parl-avano

leggere: legg-evo, legg-evi, legg-eva, legg-evamo, legg-evate, legg-evano

sentire: sent-ivo, sent-ivi, sent-iva, sent-ivamo, sent-ivate, sent-ivano

fare: facevo, facevi, faceva, facevamo, facevate, facevano

bere: bevevo, bevevi, beveva, bevevamo, bevevate, bevevano

dire: dicevo, dicevi, diceva, dicevamo, dicevate, dicevano

2. 용법

과거에 습관적으로 반복하던 행위를 표현

> Andavo spesso in piscina.　　　　　　종종 수영장에 가곤 하였다.

과거의 상황의 분위기, 감정상태, 기후상태 등을 표현

> Faceva caldo.　　　　　　날씨가 더웠다.

과거의 진행적 상황 표현

> Mentre venivo qui, ho visto Maria.　　여기 오다가 마리아를 봤다.

과거 속 두 행위의 동시성을 표현

> Mentre Maria studiava, Alessio leggeva il giornale.
> 마리아가 공부하는 동안 알레시오는 신문을 읽고 있었다.

구어체에서 보다 예의바르게 요청할 때 쓰이며 이 경우 시제의 의미는 사라진다.

> Volevo una bottiglia d'acqua.　　　물 한 병 원해요.

구어체에서 조건법 과거를 대치하는 표현

> Era meglio se studiavi, ieri.　　　어제 공부했다면 더 좋았을 걸.
> (= Sarebbe stato meglio se avessi studiato, ieri)

④ 직설법 시제의 일치

현재-현재 (현재의 동시성)

> Dice che Maria ha ragione.　　　　　　그는 마리아가 옳다고 말한다.
>
> Dice che Maria studia.　　　　　　　그는 마리아가 공부하고 있다고 말한다.

현재-현재/미래 (종속절의 후행)

Dice che viene/verrà dopo anche lei.

그녀가 자신도 나중에 오겠다고 한다.

현재-완료과거 (종속절의 선행)

Maria dice che l'ha fatto lui.

마리아는 그걸 그가 했다고 말한다.

Dice che (lui) è andato via.

그녀는 그가 가버렸다고 말한다.

(여러)과거-비완료과거 (과거의 동시성)

Ho detto che volevo andar via prima.

나는 먼저 가고 싶다고 말했다.

Diceva che (lei) era veramente bella.

그는 그녀가 정말 예쁘다고 말하곤 했다.

(여러)과거-대과거 (종속절의 선행)

Maria ha detto che Marco aveva finito il lavoro.

마리아는 마르코가 작업을 끝냈다고 말했다.

Maria disse che Marco aveva già visto il film.

마리아는 마르코가 이미 그 영화를 보았다고 말했다.

(여러)과거-조건법 과거 (과거속의 미래)

Ha detto che Maria avrebbe studiato dopo.

그는 마리아가 나중에 공부할 거라고 말했다.

Ero certo che mi avresti aiutato.

난 네가 후에 날 도와줄 거라 확신했다.

주절과 종속절의 주어가 동일할 경우

Dice di non essere innamorato.

그는 자신이 사랑에 빠지지 않았다고 말한다.

Ha detto di aver già finito il lavoro.

그는 이미 작업을 끝냈다고 말했다.

1. 이탈리아어로 옮기세요.

1) 스웨터 하나 보려고요.   ➜ ______________________

2) 네게 잘 어울린다.   ➜ ______________________

3) 둘러보고 올게요.   ➜ ______________________

4) 내 취향이 아니에요.   ➜ ______________________

5) 이거 다른 색 있어요?   ➜ ______________________

6) 제게 너무 커요.   ➜ ______________________

7) 잠시 살펴볼게요.   ➜ ______________________

8) 이거 입어봐도/신어봐도 되나요?   ➜ ______________________

9) 더 작은 것 없나요?   ➜ ______________________

10) 한 치수 작은 것 있나요?   ➜ ______________________

2. 다음 물음에 답하세요.

1) Cerca qualcosa?

➜ ______________________

2) Che ne pensa?

➜ ______________________

3) Paga con i contanti?

➜ ______________________

4) Che taglia porta?

➜ ______________________

5) Vuole provare questo?

➜ ______________________

3. 쉬운 가정문을 만들어 보세요.

1) 내가 할 수만 있다면 널 도와줄게. (사실의 가정문)

➡ ____

2) 목이 마르면 뭘 좀 마셔. (사실의 가정문)

➡ ____

3) 올 수 있으면 오늘 저녁 내 집에 와. (사실의 가정문)

➡ ____

4) 시간 있으면 좀 살펴봐. (사실의 가정문)

➡ ____

5) 지금 출발하면 6시경 밀라노에 도착할 수 있을 거야. (가능성의 가정문)

➡ ____

6) 내가 시간이 있으면 기꺼이 극장에 가겠다. (가능성의 가정문)

➡ ____

7) 돈이 많다면 벤츠 자동차를 사겠다. (가능성의 가정문)

➡ ____

8) 내가 시간이 있었다면 극장에 갔을 것이다. (불가능의 가정문)

➡ ____

9) 돈이 많았다면 벤츠를 샀을텐데. (불가능의 가정문)

➡ ____

10) 공부를 더 했더라면 시험 결과가 더 나았을 것이다. (불가능의 가정문)

➡ ____

  17-2. MP3 

Desidera qualcosa?	뭘 원하시나요?
Cerca qualcosa?	뭘 찾으시나요?
Vorrei vedere	~ 좀 보려고요.
~una camicetta	셔츠
~una gonna	스커트
~pantaloni	바지
~una maglia	스웨터
~una cravatta	넥타이
~le scarpe	구두
Che ne pensa di questa camicia/gonna?	이 셔츠/치마 어떠세요?
La gonna mi va bene.	치마가 제게 어울려요.
I pantaloni mi vanno bene.	바지가 제게 어울려요.
Va benissimo.	잘 어울려요.
Le sta/stanno benissimo.	당신에게 잘 어울려요.
Che colore preferisce?	어떤 색 원하세요?
Il colore non è proprio di mio gusto.	색이 정말 제 취향이 아니에요.
Avete camicie/pantaloni di altri colori?	다른 색 셔츠/바지 있나요?
Che taglia porta?	치수가 어떻게 되세요?
Porto il quarantaquattro.	44 입어요.
Non so la mia taglia.	제 치수를 몰라요.
Posso provarla?	입어봐도 될까요?
Vorrei provarli.	한번 입어보고 싶어요.
Sì, la provi!/li provi!	네, 입어보세요.
Lì c'è il camerino.	저기 피팅룸이 있어요.

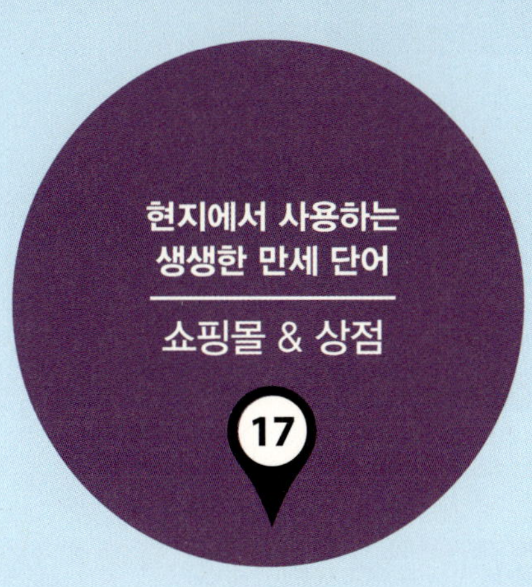

17-3. MP3

centro commerciale	쇼핑센터
scala mobile	에스컬레이터
ascensore	승강기
negozio	스토어
manichino	마네킹
sportello bancomat	현금지급기
scontrino	영수증
supermercato	수퍼마켓
scaffale	상품전시 전시칸
espositore	진열자
cassa	계산대

merceria	털실가게, 잡화상
calzature	구두점
intimo	속옷가게
tessuti	천
ferramenta	철물
pescheria	생선가게
panificio	빵가게
frutta e verdura	청과점
macelleria	정육점
salumeria	소시지가게

carrello	카트
erboristeria	약초집
profumeria	향수가게
negozio di scarpe	신발가게
libreria	서점
cartoleria	문구점
boutique	부티크

경제

"전 세계가 환호하는 명품을 생산해요"
Il «Made in Italy»

PHOTO Tinxi / Shutterstock.com

세계 각국이 모두 경제적 어려움에 직면해 있지만 최근 몇 년간 이탈리아의 경제는 특히 어려운 위기를 지나 왔다. 2011년 국가부도 위기 당시 마리오 몬티 정부는 적자재정 균형회복과 경제성장 유도 정책으로 난국을 타개하고자 하였다. 하지만 5년이 지난 지금 시점에서도 이탈리아 GDP의 규모는 그 순위가 계속 하락하였고 매년 마이너스 성장을 지속하여 왔다. 재정적자의 누적, 부채의 증가, 고임금, 고실업, 사회보장비 지출의 증가 등 악순환이 이어지고 있는 것이다.

그럼에도 불구하고 이탈리아는 유럽연합 내 독일, 영국, 프랑스 다음의 경제력을 갖고 있다. 이탈리아의 주요 기업 형태는 대기업 기반인 우리와 달리 중소기업(250명 이하의 직원을 가진 기업)이다. 이탈리아 기업의 99% 이상이 중소기업인데 그 가운데서도 70% 이상이 가족 기업(종업원 수 9인 이하의 기업)의 형태를 하고 있다. 평균 잡아 4인 정도로 구성된 가족기업들이 자영업, 제조업, 서비스업 등의 분야에서 차지하는 생산의 비중은 GDP의 80%나 되고 전체 고용의 70% 이상을 차지한다고 한다. 기업은 그 규모가 작을수록 경쟁심과 근무 의욕이 느슨해지고 외부환경 변화에 늦게 반응하는 단점이 있지만 구성원 간의 원활한 소통과 빠른 의사결정, 소량생산을 통한 품질의 고급화를 실현할 수 있는 장점을 지니고 있다.

최고급의 소량생산과 철저한 장인정신을 토대로 탄생되는 브랜드 'Made in Italy'는 주로 인간 삶에 필요한 의식주 영역과 직접 관련된 것들이며 세계인이 선호하는 명품이 되었다. 머리부터 발끝까지 사람의 몸에 걸치는 의복, 벨트, 모자, 구두, 가방, 안경, 보석 등 그 어느 것 하나 이탈리아의 제품이 최고가 아닌 것은 없다. 이탈리아의 먹거리 또한 최고라 할 수 있다. 분할의 역사만큼이나 그 종류가 다양할 뿐만 아니라 무엇보다도 안전하다. 이탈리아에서는 세계화로 인한 정체성 변질을 막고 이탈리아 전통 음식의 고유성을 보존하기 위한 표시제도를 1992년부터 도입해 사용하고 있다. 식품에 원산지 명명표시(DOP: Denominazione d'Origine Protetta), 보호구역 표시(IGP: Indicazione Geografica Protetta), 특산물 보증 표시(STG: Specialità Tradizionale Garantita) 등의 인증을 통해 식품의 품질을 보장하고 있다.

이탈리아의 산업구조에서 농림수산업의 비율은 2% 남짓이지만 이탈리아의 식품은 그 유명세와 함께 수출이 꾸준히 증가되고 있으며 제품들은 정말 질이 좋고 안전하다. 집과 관련된 주거용품 또한 마찬가지이다. 가구, 소파, 대리석, 부엌 용품 등 주부들이 탐내지 않을 이탈리아 물건은 하나도 없을 것이다. 현대의 이탈리아 산업은 섬유패션산업, 안경산업, 식품산업, 화학산업, 제약산업을 비롯하여 산업기계(농업기계, 섬유기계, 공작기계 등), 제조업(자동차, 스포츠카, 바이크, 요트, 크루즈선, 헬기, 우주항공 등), 플라스틱, 세라믹, 제철 분야 등의 분야에서 여전히 선두를 달리고 있다.

Non è in casa in
questo momento.
지금 집에 없어요.

LEZIONE
18

- 접속법
- 동격

Ginho	**Pronto?**
	Posso parlare con Marco?
Maria	**Con chi parlo, scusi?**
Ginho	**Sono Ginho, un vecchio amico coreano di Marco.**
Maria	**Ah sì, Ginho! Io sono la mamma di Marco. Come stai?**
Ginho	**Io sto bene. Voi state tutti bene, in famiglia?**
Maria	**Sì, stiamo benissimo. Chiami dalla Corea o sei in Italia?**
Ginho	**Adesso sono a Roma, rimango una settimana in Italia.**

만세
포인트

1 여보세요? 마르코와 얘기할 수 있나요?
Pronto? Posso parlare con Marco?

Pronto? Vorrei parlare con il Signor Marco.
여보세요? 마르코 씨와 통화하고 싶어요.

전화를 걸어서 누구와 통화하고 싶은지 얘기할 때 쓰는 표현이다.

2 실례지만 누구신가요?
Con chi parlo, scusi?

Sono io. Con chi parlo? 접니다. 누구이신가요?

전화 건 사람을 확인하는 표현이다. 나를 찾는 전화가 아니라면 다음과 같은 표현으로 이어갈 수 있다.

Sì, aspetti un attimo. 네, 잠시만 기다리세요.
Sì, glielo/gliela passo subito. 네, 바로 바꾸어 드릴게요.

Maria	**Bravo!**
	Ascolta, Marco non è in casa in questo momento.
	Se vuoi, puoi provare a chiamarlo al cellulare.
	Ce l'hai, il suo numero?
Ginho	**No. Un attimo, che prendo la penna.**
	Ecco, sono pronto.
Maria	**Ok, il numero è 339-1234567.**
Ginho	**Grazie, signora.**
Maria	**Di niente. Stammi bene, Ginho, e passa da noi a trovarci prima di partire.**
Ginho	**Sì, signora, volentieri. Arrivederci!**

parlare 말하다
vecchio 오래된
mamma 엄마
famiglia 가족
chiamare 전화하다, 부르다
rimanere 머무르다
momento 순간
provare 시도하다
cellulare 핸드폰
penna 펜
pronto 준비된
stammi bene! 잘 지내라!
passare 지나가다, 들르다
trovare 찾다
prima di~ 전에
partire 떠나다, 출발하다
volentieri 기꺼이

진호	여보세요? 마르코와 얘기할 수 있나요? [1]
마리아	실례지만 누구신가요? [2]
진호	저 마르코의 옛 한국인 친구 진호인데요.
마리아	아, 진호! 난 마르코 엄마예요. 어떻게 지내요?
진호	전 잘 지냅니다. 가족들 모두 잘 지내시나요?
마리아	그래요, 우린 잘 지내요. 한국에서 아니면 이탈리아에서 전화하는 건가요?
진호	저 로마에 있고 한 일주일 이탈리아에 있을 거예요.
마리아	그렇군요! 마르코는 지금 집에 없어요. [3] 원한다면 휴대폰으로 전화해 봐요. 그 애 번호 있어요?
진호	아니요, 잠시만요, 펜 꺼낼게요. 네, 준비됐어요.
마리아	오케이, 번호는 339-1234567이에요.
진호	감사합니다, 어머니.
마리아	천만에. 잘 지내고 떠나기 전 우리 집에 한번 들러요.
진호	네, 어머니 그럴게요. 안녕히 계세요!

3 마르코는 지금 집에 없어요.

Marco non è in casa in questo momento.

Non c'è adesso. 지금 없는데요.
La faccio chiamare dopo. 나중에 당신께 전화하라 할게요.
Guardi che ha sbagliato il numero. 번호가 틀렸습니다.

상대가 찾는 사람이 없을 때 쓰는 표현이다.

1 접속법

직설법 동사가 객관성, 확인된 정보, 확실성 등을 표현하는 방식이라면 접속법 동사는 주로 주관성을 나타내는 표현법으로 주절의 동사나 특정 표현이 종속절에서의 의무적 접속법 동사 사용을 요구한다.

Dice che parte domani.　　　　　　　그가 내일 떠난다고 한다. (직설법)

Passa da noi prima che tu parta.　　　떠나기 전에 우리집에 들러. (접속법)

parto-parti-parte-partiamo-partite-partono: 직설법 변형

parta-parta-parta-partiamo-partiate-partano: 접속법 변형

1. 현재

규칙변형

parl-are: parl-i, parl-i, parl-i, parl-iamo, parl-iate, parl-ino

cred-ere: cred-a, cred-a, cred-a, cred-iamo, cred-iate, cred-ano

sent-ire: sent-a, sent-a, sent-a, sent-iamo, sent-iate, sent-ano

cap-ire: cap-isca, cap-isca, cap-isca, cap-iamo, cap-iate, cap-iscano

불규칙변형

essere: sia-sia-sia-siamo-siate-siano

avere: abbia-abbia-abbia-abbiamo-abbiate-abbiano

2. 과거

essere, avere의 접속법 현재+동사의 과거분사

abbia visto(vedere)/abbiano fatto(fare)

sia arrivato/a(arrivare)/siano partiti/e(partire)

Spero che lui stia bene.

그가 잘 있기를 바란다. (주절: 현재, 종속절: 접속법 현재 동시제)

Penso che Clara sia arrivata a Roma.

클라라가 로마에 도착했을 것이라 생각한다. (주절: 현재, 종속절: 접속법 과거)

3. 반과거

규칙변형

parl-are: parl-assi, -assi, -asse, -assimo, -aste, -assero

cred-ere: cred-essi, -essi, -esse, -essimo, -este, -essero

sent-ire: sent-issi, -issi, -isse, -issimo, -iste, -issero

cap-ire: cap-issi, -issi, -isse, -issimo, -iste, -issero

불규칙변형

avere: avessi, avessi, avesse, avessimo, aveste, avessero

essere: fossi, fossi, fosse, fossimo, foste, fossero

4. 대과거

essere 혹은 avere의 접속법 반과거+동사의 과거분사

avessi visto(vedere)/avessimo fatto(fare)

fossi arrivato/a(arrivare)/fossimo partiti/e(partire)

Speravo che lui stesse bene.

그가 잘 있기를 바랐다. (주절:과거, 종속절:접속법 반과거 동시제)

Pensavo che Clara fosse arrivata a Roma.

클라라가 로마에 도착했을 것이라 생각했다. (주절:과거, 종속절: 접속법 대과거)

5. 접속법 시제의 정리

주절 현재 - 종속절 현재 (동시제)

Spero che lui torni presto.

그가 빨리 돌아오길 바란다.

주절 현재 - 종속절 과거 (종속절 선행 완료)

Penso che lui abbia suonato bene il violino.

난 그가 바이올린 연주를 잘 했다고 생각한다.

주절 과거 - 종속절 반과거 (동시제)

Pensavo che Elena avesse già un lavoro.

난 엘레나가 이미 직업을 가진 줄 알았다.

주절 과거 - 종속절 대과거 (종속절 선행 완료)

Credevo che gli studenti avessero già fatto i compiti.

난 학생들이 숙제를 다 했을거라 생각했다.

주절 과거 - 종속절 조건법 과거 (종속절은 과거 속의 미래)

Credevo che lui sarebbe arrivato il giorno dopo.

난 그가 다음 날 도착했을 거라 생각했다.

6. 직설법 동사? 접속법 동사?

Non è arrivato in tempo perché si è svegliato tardi.

그는 잠에서 늦게 깨어 제 시간에 도착 못했다. (이유, 직설법)

Ve lo spiego un'altra volta, in modo che possiate capire bene.

너희들이 잘 이해할 수 있게 다시 한 번 더 설명할게. (목적, 접속법)

Dopo che avrò finito il lavoro, potremo riposarci.

먼저 일 끝낸 후에 쉴 수 있을 거야. (dopo che~ 직설법)

Prima che tu finisca il lavoro, ti devo far vedere qualcosa.

네가 일 끝내기 전에 네게 뭔가를 보여줘야겠어. (prima che~ 접속법)

Anche se ha solo 10 anni, Sara capisce già tante cose.

열 살밖에 안됐는데도 사라는 벌써 많은 것을 이해한다. (anche se~ 직설법)

Sebbene abbia solo 10 anni, Sara capisce già tante cose.

열 살밖에 안됐는데도 사라는 벌써 많은 것을 이해한다. (sebbene~ 접속법)

Se vedi Maria, per caso, salutamela!

혹시 마리아 보게 되면 내 안부 좀 전해줘! (se~ 직설법)

Mi piacerebbe tanto che mi telefonaste.

너희가 내게 전화한다면 대단히 기쁠 것이다. (가설적 che~접속법)

2 동격

앞에 나온 명사(구)와 이를 설명하기 위해 뒤따르는 명사구가 동등한 자격을 갖춘 경우 길게 풀어 문장을 만들 필요 없이 쉼표 후에 명사구를 바로 놓음으로써 동격을 표현한다.

Sono Ginho, un vecchio amico coreano di Marco.

전 마르코의 한국인 친구 진호입니다.

Abito a Seoul, la capitale della Corea.

한국의 수도 서울에 산다.

 **1.** 다음을 전화로 말하세요.

1) 여보세요?

➡ ____

2) 저는 마리아인데요.

➡ ____

3) 마시모와 통화하고 싶습니다.

➡ ____

4) 마시모와 통화할 수 있나요?

➡ ____

5) 마시모 집에 있나요?

➡ ____

6) 집에 없는데요.

➡ ____

7) 지금 밖에 있어요.

➡ ____

8) 조금 이따 돌아올 거예요.

➡ ____

9) 모두 잘 지내시나요?

➡ ____

10) 나중에 또 전화 할게요.

➡ ____

2. 전화로 대답하세요.

1) 전화하신 분 누구신가요?

➡ ____

2) 바꾸어줄게요, 잠시만요.

➡ ____

3) 지금은 집에 없는데요. 밖에 나갔어요.

➡ ____

4) 전할 메시지 있으세요?

➡ ____

5) 6시 이후에 전화해 보세요.

➡ ____

3. 괄호 안 동사의 적절한 형태를 넣으세요.

1) Penso che Enzo (essere) _____________ a casa.

2) So che Enzo (essere) _____________ a casa.

3) Pare che lui (avere) _____________ fretta.

4) Passa da noi prima che tu (partire) _____________.

5) Spero che tu (stare) _____________ bene.

6) Nessuno sa che Maria _____________ (rimanere) a Firenze.

7) È ovvio che Maria _____________ (essere) simpatica.

8) Credo che loro _____________ (dovere) smettere di fumare.

9) Vedo che le mie bambine non _____________ (mangiare) bene.

10) Ero felice che i ragazzi _____________ (venire) alla festa della mia compleanno.

 18-2. MP3 

Pronto!	여보세요!
Posso/Potrei parlare con Simone, per favore?	시모네와 통화할 수 있을까요?
Può passarmi il signor Rubino, per favore?	여보세요, 루비노 씨 좀 바꿔주시겠어요?
Chi parla?	누구이신가요?
Con chi parlo?	
Buongiorno, sono Marco.	안녕하세요, 저는 마르코인데요.
Mi chiamo Marco.	저는 마르코라고 합니다.
Ha sbagliato numero.	번호가 틀렸습니다.
Un attimo.	잠시만요.
Te lo passo subito.	바로 바꿔줄게.
Glielo passo subito.	바로 바꿔줄게요.
In questo momento non c'è.	지금 없어요.
In questo momento è fuori.	지금 밖에 있어요.
In questo momento non può rispondere.	지금 전화받을 수 없는데요.
Gli vuole lasciare un messaggio?	메시지 남기시겠어요?
Sì, gli/le dica che l'ho chiamato.	네, 제가 전화했었다고 전해주세요.
No, lo/la chiamo dopo.	아니요, 제가 나중에 전화할게요.
Può richiamare dopo?	나중에 다시 전화할래요?

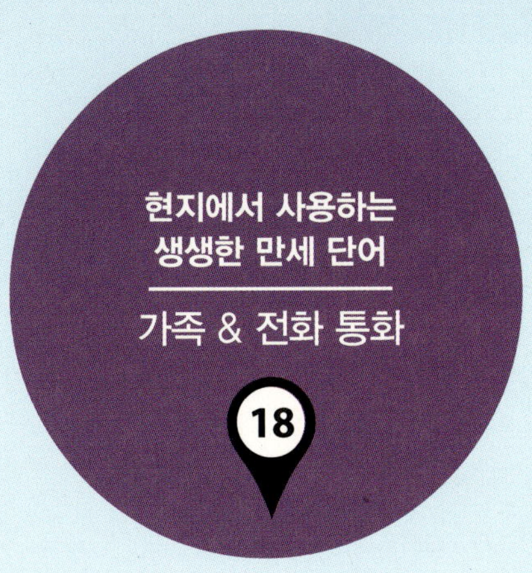

가족

famiglia	가족
nonno	할아버지
nonna	할머니
padre	아버지
madre	어머니
fratello	형/동생
sorella	누나, 언니/동생
zio	삼촌
zia	숙모
cugino	사촌(남)
cugina	사촌(여)
figlio	아들
figlia	딸
nipote/nipotino	조카, 손자
nuora	며느리
genero	사위
suocero	시아버지, 장인
suocera	시어머니, 장모
cognato	시동생, 형부, 매제, 처남, 남자동서
cognata	시누이, 형수, 처형, 처제, 제수, 여자동서

전화 통화

telefono	전화
cellulare	휴대폰
cabina telefonica	전화부스
scheda/carta telefonica	전화카드
carta telefonica internazionale	국제전화카드
pagine gialle	전화번호부
prefisso	지역국번
numero telefonico	전화번호
telefonare/chiamare	전화걸다

"가장 오래된 오페라가 뭔지 아니?"
L'opera lirica

오페라는 이탈리아어 'opera in musica(음악 작품의 의미)'를 줄여 부르는 말로서 '작품'이 아니라 음악 장르로서의 '오페라'를 뜻한다. 극과 음악과 노래가 결합된 종합 예술로서 독창, 합창 등 인간의 목소리와 관현악 악기음 등이 사용되고 때론 무용도 등장하는 대규모 음악극이라 할 수 있다. 오페라에서 인간의 목소리는 독창의 경우 서정적 노래인 '아리아'와 언어로써 이야기하듯 읊조리는 '레치타티보'로 표현된다. 중창은 대개 극 중의 주요 대화 부분에서 사용되며, 합창은 군중의 소리를 대변할 때 이용된다. 관현악은 노래나 무용의 반주, 간주곡, 장면의 분위기 조장에 이용된다.

역사상 첫 오페라는 피렌체의 카메라타라는 그룹의 사람들이 고전 그리스 비극을 재현하기 위해 1598년에 쓴 '다프네(Dafne)'였다. 하지만 악보가 남아있질 않아 1600년의 '에우리디체(Euridice)'가 현재 전해지는 가장 오래된 오페라이다. 이후 1607년 만토바 궁정에서 만들어진 클라우디오 몬테베르디의 '오르페오(Orfeo)'는 작품성과 함께 현재까지도 상연되는 가장 오래된 오페라라 할 수 있다. 초기 오페라는 주로 비극으로서 그리스 신화나 영웅 전설의 내용을 다루었다. 장중한 음악과 함께 극적 요소 보다는 노래를 더욱 중시하였다. 이 비극적 오페라의 유형을 오페라 세리아(Opera Seria, 정가극)라 하는데 18세기 전반까지 유행하였다. 길고 지루한 오페라 세리아에서는 막간에 인터메조라 부르는 짧은 희극들을 삽입하였는데 이 짧은 희극적 오페라가 오페라 부파(Opera Buffa, 희가극)라는 장르로서 독립한다. 오페라 세리아가 귀족적인 취향의 것이라면 오페라 부파는 민중적 취향을 반영한 것이라 평가된다. 유럽 전역에서 이탈리아어는 오페라의 언어로 당연시 되었다. 정가극과 희가극을 기본 골자로 하던 오페라는 이후 변형되어 여러 장르의 오페라들을 탄생시키게 된다.

유럽의 다른 나라들에서는 민중들이 즐기던 투박하고 단순한 형태의 악극들이 존재하여 왔는데 이것은 오페라라기보다 연극에 가까웠으며 자신들의 언어로 된 민담과 노래와 춤 등이 혼재된 형태를 띄었다. 프랑스에서는 이탈리아의 정가극을 변형하여 발레나 합창을 가미하고 무대를 화려하게 꾸미는 그랜드 오페라(grand opera)가 생겨나고 이에 대립되는 개념으로서 진지한 내용을 다룰 때 레치타티보 대신 이야기체로 말하는 특징을 가진 오페라 코미크(opera comique)가 생겨났다. 독일에서는 독일의 정서가 반영된 악극(musikdrama)인 징슈필 오페라(Opera Singspiel)와 무지크 드라마(Musik Drama)가, 영국에서는 발라드 오페라가 생겨나게 되었다. 이후 변형되어 생겨난 19세기의 '오페레타(operetta)'와 20세기의 '뮤지컬' 또한 우리가 알고 있는 '오페라'에서 생겨난 것이라 할 수 있다.

세계 5대 오페라 극장으로는 밀라노의 라 스칼라 극장(Teatro alla Scala), 빈의 국립 오페라 극장(Die Staatsoper Wien), 파리의 국립 오페라 극장(Le Grand Opera), 뉴욕의 메트로폴리탄 오페라 극장(The Metropolitan Opera), 런던의 코벤트 가든 로열 오페라 하우스(The Royal Opera House Covent Garden)가 꼽힌다.

Mia moglie e i bambini adesso stanno riposando in hotel.
아내와 아이들은 호텔에서 쉬고 있어.

- 근과거 (완료과거)
- 과거분사
- 근과거와 반과거의 차이
- stare+동명사

Marco	Ginho, quando sei arrivato in Italia?
Ginho	Sono arrivato due giorni fa.
	Sto facendo un viaggio con la mia famiglia.
	Prima di arrivare in Italia, abbiamo fatto un piccolo giro in Europa.
Marco	Quali città avete visitato?
Ginho	Siamo stati a Parigi, Zurigo, Venezia, e adesso siamo qui a Roma.
	A Parigi abbiamo alloggiato in un piccolo appartamento, molto economico e carino, vicino alla cattedrale di Notre-Dame, ideale per una famiglia come noi!
Marco	La tua famiglia dov'è, adesso?
Ginho	Mia moglie e i bambini adesso stanno riposando in hotel.

만세
포인트

1 아내와 아이들은 호텔에서 쉬고 있어.

Mia moglie e i bambini adesso stanno riposando in hotel.

'stare+동명사'는 '~하고 있는 중'이란 뜻의 표현으로 쓰인다.

2 아이들 많이 자랐겠다.

I bambini saranno cresciuti molto.

선립미래 동사(단순미래형+과거분사)의 형태로써 추측과 기대를 표현한다.

Marco	Ho capito. I bambini saranno cresciuti molto.
Ginho	Eh, sono passati tre anni.
	Sì, sono cresciuti molto.
Marco	Mi mancano tanto i tuoi bambini.
	Li vorrei proprio vedere.
Ginho	Ma volentieri! Perché non ceniamo tutti quanti insieme, stasera?
Marco	Benissimo. Comunque, vi siete divertiti?
Ginho	Sì, molto. Le località dove siamo stati erano molto belle, soprattutto Parigi, e c'era sempre qualcosa di divertente da fare.
Marco	Immagino...

arrivare	도착하다
fare	하다
viaggio	여행
famiglia	가족
prima di	~ 전에
piccolo	작은
giro	일주
Europa	유럽
quale	어떤
città	도시
visitare	방문하다
alloggiare	숙박하다
appartamento	아파트
economico	경제적인
carino	귀여운, 사랑스런
vicino a	~에 가까운
cattedrale	성당
ideale	이상적인
moglie	부인
bambino	아이
riposare	휴식하다
capire	이해하다
crescere	자라다
passare	지나다
mancare	~이 부족하다
cenare	저녁식사하다
insieme	함께
divertirsi	재밌게 놀다
località	장소
bello	멋진, 아름다운
soprattutto	무엇보다도
sempre	늘
divertente	재미있는
immaginare	상상하다

마르코	진호, 언제 이탈리아에 왔어?
진호	이틀 전에. 가족과 여행 중이야. 이탈리아에 오기 전에 유럽 몇 군데 다녀왔어.
마르코	어디어디 갔었는데?
진호	파리, 취리히, 베네치아 그리고 지금 여기 로마. 파리에서는 노트르담 성당 근처에 있는 경제적이고 아담한 아파트를 빌렸었는데 우리 가족에게는 딱 안성맞춤이었어.
마르코	가족은 지금 어딨어?
진호	아내와 아이들은 호텔에서 쉬고 있어. [1]
마르코	그렇구나. 아이들 많이 자랐겠다. [2]
진호	3년이 지났잖아. 많이 자랐어.
마르코	아이들 많이 보고 싶네. [3] 정말 보고 싶어.
진호	그래! 우리 모두 오늘 저녁 식사 같이할까?
마르코	좋지. 어쨌든 재미있었어?
진호	응, 무척 좋았어. 우리가 있었던 곳 다 정말 멋졌고, 특히 파리는 재밋거리가 정말 많았어.
마르코	그랬을 거야...

3 아이들이 많이 보고 싶다.
Mi mancano tanto i tuoi bambini.

mancare 동사는 piacere동사의 쓰임새와 마찬가지로 '~에게+없다+의미상의 주어'의
구문으로 사용된다.

1 근과거 (완료과거)

가까운 과거의 완료 행위를 나타낼 때는 '완료과거'시제로 표현한다. 완료시제를 만드는 방법은 다음과 같다.

essere 동사의 직설법 현재 + 과거분사	sono sei + arrivato/a alla stazione è
	siamo siete + arrivati/e alla stazione sono

Siamo arrivati a Firenze.　　　　　　　우리는 피렌체에 도착했다.

Non sono mai stato in Italia.　　　　　이탈리아에 가 본 적 없다.

avere 동사의 직설법 현재 + 과거분사	ho hai ha abbiamo + visto il film avete hanno

Ieri ho incontrato Maria.　　　　　　　어제 마리아를 만났다.

Ho finito i compiti prima di uscire.　　외출 전에 숙제를 끝냈다.

Ho consegnato il compito d'italiano in bianco.　　이탈리아어 필기시험을 백지로 냈다.

재귀동사의 직설법 현재 + 과거분사	mi sono ti sei si è ci siamo + lavato/i/a/e vi siete si sono

Mi sono svegliato tardi stamattina.　　오늘 아침 늦게 잠에서 깼다.

Silvia si è lavata le mani.　　　　　　실비아는 손을 씻었다.

근과거의 형태를 만들기 위해서는 과거분사를 도출하여야 하는데 이에 대해서는 14과에서 자세히 다루었으니 참고하기 바란다.

규칙	-are → -ato, -ere → -uto, -ire → -ito
불규칙	fare → fatto, vedere → visto, venire → venuto
조동사 essere를 취하는 동사의 과거분사	esistere → esistito, essere → stato, nascere → nato, rimanere → rimasto, scendere → sceso, stare → stato, venire → venuto
조동사 avere를 취하는 동사의 과거분사	aprire → aperto, chiedere → chiesto, chiudere → chiuso, conoscere → conosciuto, dare → dato, dire → detto, fare → fatto, prendere → preso, vedere → visto

③ 근과거와 반과거의 차이

과거의 일을 말한다는 점에서는 동일하지만 근과거는 완료를, 반과거는 비완료를 나타낸다.

Andavo ogni giorno in palestra.	매일 헬스클럽에 가곤 하였다.
Ho già mangiato.	이미 식사했다.
Mentre venivo qui, ho visto Enrico.	여기 오는 중에 엔리코를 봤다.

④ stare+동명사

"~을 하고 있는 중"을 표현한다. 동명사는 -are → -ando, -ere → -endo, -ire → -endo의 형태를 갖는다.

I bambini stanno riposando in hotel.	아이들이 호텔에서 쉬고 있는 중이다.
I bambini stavano riposando in un hotel.	아이들이 호텔에서 쉬고 있는 중이었다.

 **1.** 다음 질문에 답하세요.

1) Che cosa hai fatto ieri?

➜ ____

2) Quando sei arrivato in Italia?

➜ ____

3) Dove sei stato in Italia?

➜ ____

4) Hai dormito bene?

➜ ____

5) Quando siete arrivati?

➜ ____

6) Hai visto il film "Cinema Paradiso"?

➜ ____

7) Hai mangiato?

➜ ____

8) È tornata a casa la mamma?

➜ ____

9) Hai mandato l'email?

➜ ____

10) Per quanti giorni sei stata a Roma?

➜ ____

2. 괄호 속 동사의 적절한 과거분사 형태를 넣으세요.

1) Laura è (venire) _________________ da me.

2) Mario è (passare) _________________ nel mio uficio.

3) Abbiamo (finire) _________________ il progetto.

4) Le ragazze sono (arrivare) _________________ in tempo.

5) Il cameriere ha (servire) _________________ il pranzo.

3. 괄호 속 동사의 완료과거 형태로 문장을 완성하세요.

1) Io (venire) _________________ qui tre giorni fa.

2) Noi (visitare) _________________ Parigi, Zurigo e Venezia.

3) Io (vederla già) _________________.

4) Noi (alloggiare) _________________ in un piccolo appartamento.

5) Le località dove noi (stare)_________________ erano molto belle.

6) Carla (dovere) _________________ restare a casa.

7) Io e Laura (andare)_________________ insieme al museo.

8) Luca (cominciare) _________________ nuovo lavoro.

9) Loro (potere) _________________ a venire in tempo.

10) Luisa (ricevere) _________________ l'email di Mario.

Che cos'hai fatto ieri?	어제 뭐했니?
Ho studiato tutto il giorno.	하루종일 공부했어.
Ho visto un film.	영화 봤어.
Mi sono visto con un vecchio amico.	옛 친구 만났어.
Sono stato a casa tutto il giorno.	종일 집에 있었어.
Sono andato a scuola.	학교에 갔어.
Sono andata al cinema.	영화관에 갔어.
Che cos'avete fatto ieri?	너희들 어제 뭐했니?
Abbiamo studiato tutto il giorno.	종일 공부했어.
Abbiamo visto un film.	영화 봤어.
Abbiamo cenato insieme.	같이 저녁했어.
Siamo stati a casa tutto il giorno.	종일 집에 있었어.
Siamo andati a scuola.	우리 학교에 갔었어.
Siamo andate al cinema.	영화관에 갔어.

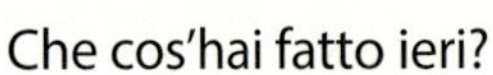

요리 (Mangiare)

trattoria	식당
ristorante	레스토랑
snack bar	스낵바
colazione	아침식사
merenda	간식
antipasto	전채
pranzo	점심
cena	저녁
pasto	식사
zuppa	수프
dolce	과자
aperitivo	식전주
digestivo	소화제
caldo	따뜻한
freddo	찬
dolce	단
salato	짠
amaro	쓴
aspro	신
piccante	매운
crudo	날것의
affumicato	훈제의
fritto	튀긴

교통 (Guidare)

senso unico	일방통행
divieto di parcheggio	주차제한
limite di velocità	속도제한
distributore di benzina	주유소
benzina	가솔린
diesel	디젤
semaforo	신호등
strada	길
piazza	광장
marciapiedi	보행도로
autista	드라이버
pedone	보행자
strisce pedonali	보행표시줄
sorpasso	추월
multa	벌금
deviazione	우회
pedaggio	통행료
valico di frontiera	보더 포인트
confine	접경
dogana	세관
carta d'identità	신분증
patente di guida	운전면허증

문화

"유네스코 세계 문화 유산으로 가득한 나라!"
Il patrimonio culturale italiano

이탈리아가 세계 역사와 문화의 나라라는 것은 누구도 부정할 수 없는 사실이다. 2016년 현재 유네스코가 지정한 세계 문화유산은 총 51개로서 수적으로도 제일 많다. 전 국토에 펼쳐진 이탈리아의 세계 문화유산, 여행할 때 참고하자!

- 발레 카모니카의 암각화
- 산타 마리아 델레 그라치에 교회와 도미니크 수도원 및 다빈치의 '최후의 만찬'
- 로마 역사지구
- 피렌체 역사지구
- 피사의 두오모 광장
- 베네치아와 석호
- 산 지미냐노 역사지구
- 마테라의 동굴주거지와 암석 교회
- 비첸차 시와 팔라디안의 빌라
- 나폴리 역사지구
- 크레스피 다다 공업단지
- 시에나 역사지구
- 페라라, 르네상스의 시가와 포 강 델타 지대
- 피엔차 역사지구
- 몬테 성
- 라벤나의 초기 기독교 기념물
- 알베로벨로의 트룰리
- 사보이 궁중저택
- 파도바 식물원
- 포르토베네레, 친퀘 테레와 섬들 (팔마리아, 티노, 티네토)
- 아그리젠토 고고학 지구
- 모데나의 대성당, 치비카 탑과 그란데 광장
- 아말피 해변
- 폼페이, 헤르쿨라네움, 토레 안눈치아타 고고학 지구
- 바루미니의 '수 누락시' 마을들

– 아르메리나 광장의 빌라 로마나 델 카살레

– 카세르타의 18세기 궁전과 공원, 산 레우초, 반비텔리아의 수도시설

– 칠렌토의 국립공원, 디아노 성벽, 파에스툼, 벨리아, 파둘라의 체르토사 수도원

– 우르비노 역사지구

– 아퀼레이아의 고고학 지구와 초기 가톨릭 성당

– 티볼리의 빌라 아드리아나

– 에올리에의 섬들

– 베로나 시

– 아시시의 성 프란체스코 성당과 프란체스코회 유적

– 티볼리의 빌라 데스테

– 발 디 노토의 후기 바로크 마을

– 피에몬테와 롬바르디아의 몬티 사크리

– 발 도르치아

– 체르베테리와 타르퀴니아의 에트루리아 분묘

– 시라쿠사와 판탈리카의 석묘

– 제노바의 누오베 스트라데와 롤리 궁 체계

– 알불라와 베르니나 지역의 전경과 철도망

– 만토바와 사비오네타

– 돌로미티 산맥

– 몬테 산 조르조

– 알프스 주변의 선사시대 호상가옥

– 이탈리아의 랑고바르드 유적지

– 토스카나의 빌라와 메디치가의 정원

– 에트나 산

– 피에몬테의 포도밭 경관 (랑게, 로에로, 몬페라토)

– 아랍–노르만 자취의 팔레르모 그리고 체팔루 대성당과 몬레알레 대성당

Dov'è la stazione più vicina?
이 근처 가까운 경찰서가 어디에 있나요?

LEZIONE
20

- 문장 만들기
- 복문 만들기
- 문장 내 강조 요소 이동하기

Mina	Aiuto! Mi hanno rubato la borsa e sono scappati via in quella direzione. Mi aiuti, per favore!
Luana	Oddio, mi dispiace! C'era qualcosa d'importante, dentro la borsa?
Mina	Sì, il portafoglio, le carte di credito, il passaporto … c'era tutto. Non so cosa fare.
Luana	È un problema serio. I ladri sono sempre di più, in questa città. Signorina, cerchi di calmarsi. Per prima cosa deve bloccare subito le sue carte di credito.

만세
포인트

---

1 가방 안에 중요한 것이 들었나요?

C'era qualcosa d'importante, dentro la borsa?

'C'era~단수', 'C'erano~ 복수' 는 '~이 있었다'를 표현한다. essere동사의 비완료과거형으로 ero, eri, era, eravamo, eravate, erano의 변형을 한다.

2 이 근처 가까운 경찰서가 어디에 있나요?

Dov'è la stazione più vicina?

'정관사+명사+più 형용사'는 상대적 최상급의 형태로서 '가장 ~한 무엇'을 뜻한다. ('–issimo' 타입은 절대적 최상급이라 한다. 예. Luigi è un ragazzo bravissimo. Luigi è il ragazzo più bravo di tutti.)

	Poi deve fare una denuncia di furto alla stazione di polizia.
Mina	Dov'è la stazione più vicina?
Luana	In Piazza Vittorio Emanuele.
	Spieghi bene quello che è successo e tutto quello che ha perso.
Mina	Grazie, Lei è molto gentile.
Luana	Mi dispiace veramente per quello che Le è accaduto.
	Signorina, mi raccomando, stia sempre attenta!
	Questa sta diventando una città sempre più pericolosa.

미나	도와주세요! 제 가방을 훔쳐 저쪽으로 도망쳤어요. 제발 좀 도와주세요!
루아나	세상에, 안됐어라! 가방 안에 중요한 것이 들었나요? [1]
미나	네, 지갑, 신용카드, 여권... 다 들었어요. 어찌해야 할지 모르겠어요.
루아나	정말 심각한 문제예요. 이 도시에 도둑이 점점 많아지네요.
	좀 진정하세요. 우선 신용카드부터 막으세요.
	그리고나서 경찰서에 가 도난신고를 해야 해요.
미나	이 근처 가까운 경찰서가 어디에 있나요? [2]
루아나	비토리오 에마누엘레 광장에요.
	일어난 일과 도난당한 모든 것을 자세히 설명하세요. [3]
미나	친절에 감사합니다.
루아나	이런 일이 벌어져서 정말 유감이에요. 언제나 조심하세요!
	이 도시가 더욱 위험해지네요.

furto 도난
rubare 훔치다
borsa 가방
scappare 도망치다
direzione 방향
aiutare 도와주다
Oddio! 세상에!
Mi dispiace! 유감이에요!
importante 중요한
dentro ~안에
portafoglio 지갑
carta di credito 신용카드
passaporto 여권
tutto 전부, 모두
serio 엄격한, 심각한
ladro 도둑
sparire 사라지다
cercare di~ 애쓰다, 노력하다
calmarsi 진정되다
per prima cosa 첫 번째로
bloccare 막다, 차단하다
subito 곧
denuncia 신고
stazione di polizia 경찰서
vicino 가까운
spiegare 설명하다
succedere 일어나다
perso 잃어버린
gentile 친절한
accaduto 일어난
veramente 정말로
attento 주의하는
diventare ~되다
città 도시
sempre più 점점 더
pericoloso 위험한

3 일어난 일과 도난당한 모든 것을 자세히 설명하세요.

Spieghi bene quello che è successo e tutto quello che ha perso.

주격·목적격 관계대명사 che 구문에서는 종속절의 주어 ("주어 è successo")와 목적어 ("ha perso 목적어")가 빠져나와 선행사가 되어야 하는데 그것이 문장 내에 명시적으로 드러나 있지 않을 경우에는 quello(것) 내지 tutto quello(모든 것)과 같은 것을 넣어 인위적 선행사를 만들 수 있다.

1 문장 만들기 (필수요소와 선택적 요소의 배치)

이탈리아어 문장의 어순은 SVO이고 문장 구성의 주도권은 동사가 쥐고 있다. 동사가 자체의 고유 의미가(valenza: 0가~3가)에 따라 문장의 전체적인 틀을 확정하기 때문이다. 문장을 만들려면 주어와 동사를 찾고 그 동사의 의미에 기초하여 요구되는 요소들을 순차적으로 놓으면 된다. 문장의 주변 요소인 부사(구)들은 특별히 위치가 고정되어 있지 않으므로 적당한 곳(가능하면 수식하는 요소에 가까운 곳)에 끼워 넣으면 된다.

도둑들이 이 도시에서 절대 사라지지 않는다.

→ 사라지다 (sparire, 1가, 주어 필요)

I ladri non spariscono.

I ladri non spariscono mai. ('mai'는 spariscono를 곧바로 수식)

I ladri non spariscono mai da questa città. ('da questa città'는 동사 수식)

이제 곧바로 신용카드를 막아야 합니다.

→ 막다 (bloccare, 2가, 주어와 목적어 필요)

→ Deve bloccare le carte di credito. (이탈리아어에서는 주어의 생략이 가능하다)

→ Deve bloccare subito le sue carte di credito. ('subito'는 bloccare를 곧바로 수식)

진짜 나 아무것도 안했어.

→ 하다 (fare, 2가, 주어와 목적어 필요)

→ non ho fatto niente. (주어가 없어도 동사가 주어를 내포하고 있다)

→ Sinceramente, non ho fatto niente. ('진짜로 말하건대'가 전체 문장 수식)

Non ho fatto niente, sinceramente. ('진짜로'가 '안 했다'를 수식)

2 복문 만들기

복문은 두 문장이 하나로 결합된 것이므로 적절한 관계대명사로 연결된다. 두 문장의 공통요소는 관계대명사 앞에 등장한다.

Ho comprato ieri un orologio.   어제 시계를 샀다.

L'orologio è molto caro.   시계가 비싸다.

→ L'orologio che ho comprato ieri è molto caro.   어제 산 시계 무척 비싸다.

Sono cresciuto a Seoul.   난 서울서 자랐다.

Sono nato in questa città.   난 그 도시에서 태어났다.

→ Sono cresciuto a Seoul, la città dove sono nato.   내가 태어난 서울에서 자랐다.

선행사가 명시적으로 드러나지 않을 때는 quello che~ (=ciò che~, che 이하의 것), tutto quello che~ (che 이하의 모든 것)과 같은 가상의 선행사(것, 모든 것)를 넣어 주절의 동사가를 충족시키면 된다.

Spieghi bene quello che è successo e tutto quello che ha perso.
일어난 일과 잃어버린 모든 것을 잘 설명하세요.

Mi dispiace veramente di quello che Le è accaduto.
당신에게 일어난 일에 대해 정말 유감스럽습니다.

3 문장 내 강조 요소 이동하기

강조를 위해 문장 내 어떤 요소를 좌나 우로 따로 빼내어 원 위치로부터 이동시키는 것이 가능한데, 이 경우에는 주문장에서 복원대명사가 반드시 등장하여야 한다. 복원대명사와 이동 요소 간에는 출현 순서에 있어 '거울효과'로 나타난다.

Il libro, l'ho messo io, lì.   책. 그거 내가 거기에 놨어.

L'ho messo io lì, il libro.   그거 내가 거기에 놨어. 책.

Il libro, a Gianni, gliel'ho dato io.   책을②. 쟌니에게①. 그에게① 그걸② 내가 줬어.

Gliel'ho dato io, il libro, a Gianni.   그에게② 그거① 줬어 내가. 책을①. 쟌니에게②.

1. 다음 문장을 이탈리아어로 표현하세요.

1) 도와주세요!

➡ ____

2) 도둑이야!

➡ ____

3) 불이야!

➡ ____

4) 무슨 일이에요?

➡ ____

5) 항상 조심하세요.

➡ ____

6) 가방을 잃어버렸어요.

➡ ____

7) 도둑들이 내게서 가방을 빼앗아 도망갔어요.

➡ ____

8) 가방을 어디에 두었는지 기억이 안 나요.

➡ ____

9) 경찰서가 어디에 있나요?

➡ ____

10) 가방 안에 중요한 서류들이 있었어요.

➡ ____

2. 밑줄친 곳에 공 선행사를 넣으세요.

1) Non capisco tutto ______________ che hai fatto.

2) Non capisco ______________ che mi ha spiegato.

3) Spieghi bene _______________ che è successo.

4) Mi dispiace molto di _______________ che Le è accaduto.

5) Io farò tutto _______________ che vuoi.

3. 다음 문장을 주 요소와 부 요소로 분리하면서 이탈리아어로 작문해 보세요.

1) 나무는 꽃이 피었고 다람쥐는 긴 잠에서 깨어났다.

→ ____

2) 제비들은 더운 나라에서 돌아오고 초원에는 나비들이 날아다닌다.

→ ____

3) 둥지의 어린 새들은 배가 고파 어미를 기다린다.

→ ____

4) 가을엔 비가 자주 오고 어떤 때는 좀 춥다.

→ ____

5) 유리 공과 불빛으로 크리스마스 트리 장식하는 것을 난 좋아한다.

→ ____

6) 오늘 저녁엔 집에 남아서 잠자리 들기 전 이탈리아사에 관한 책이나 읽겠다.

→ ____

7) 지구는 땅과 물로 이루어졌으며 1/4의 땅과 3/4의 물로 덮여있다.

→ ____

8) 이탈리아는 삼면이 바다로 둘러싸여 있으며 북쪽의 알프스는 이탈리아와 유럽대륙을 연결시키고 있다.

→ ____

9) 거의 대부분의 대도시들은 강 둑 위에 세워진다.

→ ____

10) 이탈리아어는 국제 사회에서 그렇게 유용하진 않지만 쉽고 재미있는 언어이다.

→ ____

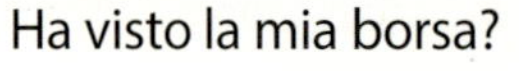

Ha visto la mia borsa?	제 가방 보셨어요?
Non mi ricordo dove l'ho messa.	어디에 그걸 두었는지 기억이 안 나요.
L'ho cercata dappertutto, ma non la trovo più.	사방을 찾아보아도 찾을 수가 없어요.
Dov'è l'ufficio oggetti smarriti?	분실물사무소는 어디에 있나요?
Al ladro!	도둑이야!
Chiami l'ambulanza.	앰블런스 불러주세요.
C'è un ferito.	다친 사람이 있어요.
Mi aiuti!	도와주세요!
Ho perso la borsa.	가방을 잃어버렸어요.
Il ladro è scappato via in quella direzione.	도둑이 이쪽으로 도망쳤어요.
Mi hanno rubato la borsetta.	핸드백을 훔쳐갔어요.
Quando e dove l'ha persa?	언제 어디서 잃어버렸나요?
Poco fa, proprio qui.	조금 전 바로 여기에서요.
Cosa c'era dentro la borsa?	가방 안에 무엇이 있나요?
C'erano il mio portafoglio, la carta di credito e il passaporto.	제 지갑과 신용카드, 여권이요.
Dov'è la stazione di polizia?	경찰서는 어디에 있나요?

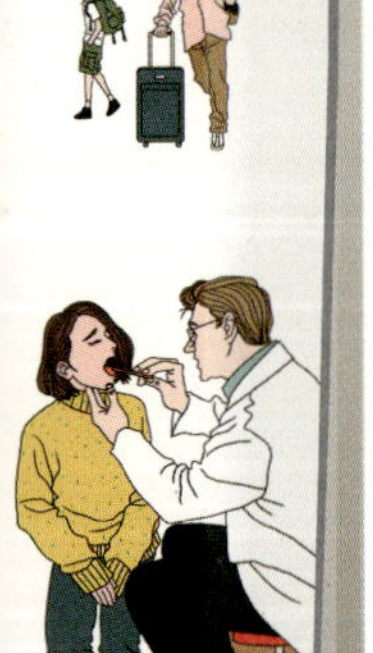

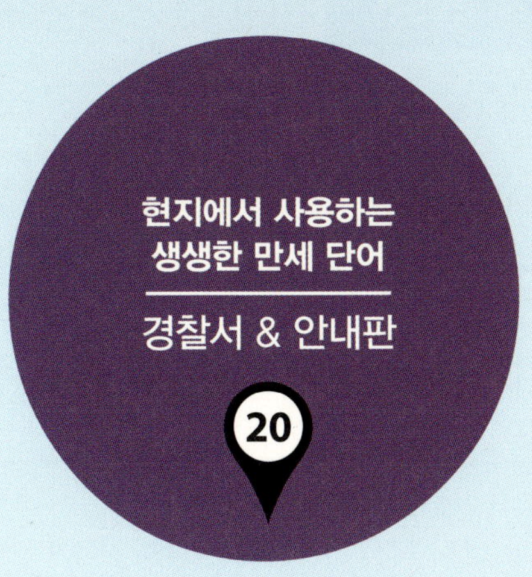

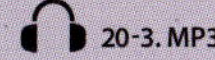

경찰서

polizia	경찰
questura	경찰서
denuncia	신고
incidente	사고
furto	절도
ladro	도둑
smarrimento	분실
passaporto	여권
carta d'identità	신분증
carta di credito	신용카드
portafogio	지갑
cellulare	휴대폰
documenti	서류
permesso di soggiorno	체류허가증
rinnovo	갱신

안내판

Benvenuti	환영
Aperto	열림
Chiuso	닫힘
Entrata	입구
Uscita	출구
Spingere	미세요
Tirare	당기세요
Toilet	화장실
Libero	비었음
Occupato	사용중
Uomini	남
Donne	여
Vietato	금지
Vietato fumare	금연

"브루투스, 너마저…!"
"Tu quoque, Brute, fili mi!": le ultime parole di Cesare

로마의 건국 신화에 의하면 로물루스와 레무스는 농업과 전쟁을 관장하는 신 마르스와 인간인 레아 실비아 사이에서 태어난 쌍둥이 형제이다. 알바 롱가라는 전설 속 나라의 누미토르 왕의 동생인 아물리우스는 형을 쫓아내고 딸 레아 실비아가 낳은 쌍둥이 형제를 테베레 강에 버린다. 쌍둥이 형제는 늑대의 젖으로 자라다가 목동 파우스툴루스 부부에 의해 양육된다. 18세가 된 로물루스는 이후 악덕의 아물리우스를 살해하고 팔라티노 언덕의 경계를 넘어온 쌍둥이 동생 레무스를 살해하고 왕이 된다.

기원전 1세기 평민과 귀족 간의 대립이 격화된 시기에 로마는 이를 조정할 절대 권력을 필요로 하게 된다. 이때 3인 (카에사르, 크라수스, 폼페이우스)의 인물이 부상하여 이른바 1차 삼두정치의 시대를 열게 된다. 카에사르의 머리와 크라수스의 재산과 폼페이우스의 명성이 결합한 것이다. 제국의 서쪽 영토인 갈리아를 관할하게 된 카에사르는 중앙의 폼페이우스를 자신의 딸 줄리아와 결혼시킴으로써 가족이 되고 크라수스에게는 동방의 영토를 관할하게 한다. 동방의 타르티아 군과의 전쟁에서 크라수스가 사망하고 줄리아가 출산 도중 사망하여 카에사르-폼페이우스의 가족적 연대가 끊어지게 되자 귀족들과 연합한 폼페이우스는 결국 카에사르를 몰아낼 생각에 골몰한다. 갈리아 사령관의 10년 임기 연장을 위해 로마로 귀환하려던 카에사르는 폼페이우스의 속임수를 눈치 채고 루비콘 강을 건너 로마로 진격, 폼페이우스를 격퇴하여 로마의 핵심 인물로 등극한다. 이집트로 도망친 폼페이우스는 프톨레마이오스

13세의 누이이자 부인인 클레오파트라와 연합하였지만 프톨레마이오스 왕의 고문이었던 로마의 한 장군에게 살해되는 최후를 맞이한다. 머리가 영리했던 카에사르는 이집트로 진군하여 자신의 적이었던 폼페이우스를 죽인 자를 오히려 벌함으로써 적에게 너그러운 이미지를 남겼고 클레오파트라가 여왕으로 등극하도록 도움을 주고 그녀에게

서 카에사리온이란 아들을 얻는다. '디타또레(독재자)'의 직에 임명된 카에사르는 공화정의 수호자로 자처하며 왕이나 황제란 호칭을 거부하였지만 실제로는 왕이나 다름없는 존재이었다. 하지만 강력한 권력의 카에사르조차 암살단에 속해 있던 양아들 브루투스에게 죽임을 당하고 만다. 카에사르가 남긴 명언들은 오늘날에도 회자되고 있다. 기원전 47년 젤라 전투에서 파르나체 2세를 제압한 후 "왔노라, 보았노라, 이겼노라(Veni, vidi, vinci)"라 외쳤고 기원전 49년 루비콘 강을 건널 때 "주사위는 던져졌다(Alea iacta est)"란 말로 무장했으며 죽음을 맞이하면서 조차 "내 아들 브루투스, 너마저(Tu quoque, Brute, fili mi)"란 말을 남기고 떠났다.

이제 로마의 제국화는 이미 거스를 수 없는 대세가 되었다. 소위 2차 삼두정치(안토니우스, 레피두스, 옥타비아누스)의 연합은 브루투스 일파를 완전 소탕하는 데 성공한다. 인기가 제일 약했지만 카에사르 시절 권력서열 2위였던 레피두스는 반란에 실패함으로써 일찌감치 물러났고 카에사르 조카의 아들이자 양자였던 옥타비우스(옥타비아누스)가 실권을 장악하게 된다. 옥타비우스는 자신의 여동생 옥타비아를 안토니우스와 결혼시킴으로써 가족적 연대를 꾀한다. 하지만 안토니우스는 이 첫 아내를 배신하고 그녀가 사망하자 이집트의 클레오파트라와 결혼함으로써 옥타비우스에 대적한다. 악티움 전투에서 패한 후 안토니우스와 클레오파트라는 자결함으로써 생을 마감하게 된다. 옥타비아누스는 '아우구스투스(존엄한 자)'라는 호칭으로 기원후의 세기를 열었고 이후 300년 간의 '팍스 로마나' 시대가 열리게 된다.

5현제의 시대가 끝나자 로마는 군인황제의 시대로 접어든다. 235년에서 284년까지 49년 동안 무려 26명의 황제들이 제위에 올랐으니 이때의 황제들은 대개 2년을 채우지도 못하고 암살당하기 일쑤였다. 당시의 로마군은 여러 군단들로 나뉘어져 있었는데 한 군단장이 몇몇 군단들과 연합하기로 마음만 먹으면 로마로 쳐들어가 곧바로 황제의 자리를 빼앗았던 것이다.

이탈리아어 첫걸음 해답지
Una sfida per il
mondo Italiano
per principianti

SOLUZIONI
이탈리아어 첫걸음 해답편

LEZIONE 1

1.

1) Buongiorno! 2) Ciao! 3) Buonasera!
4) Piacere mio! 5) Arrivederci! 6) Buon appetito!
7) Buonanotte! 8) ArrivederLa! 9) Sto bene, grazie.
10) Sto bene, grazie.

2.

1) ho 2) ha 3) avete 4) ha 5) abbiamo

3.

1) sono 2) sono 3) sono 4) siamo 5) è

4.

1) legge 2) studiano 3) arriva 4) capisce 5) è

LEZIONE 2

1.

1) No, non sono giapponese. Sono coreano.
2) Sono coreano/a.
3) Sono di Seoul.
4) Sì, sono di Seoul/ No, sono di Taeku.
5) Mi chiamo XXX.
6) Mi chiamo XXX.
7) Sono studente universitario.
8) Studio l'italiano.
9) No, sono qui per vacanza.
10) Sì, studio la moda.

2.

1) coreano 2) inglese 3) coreani 4) case 5) giapponesi

3.

1) Che cos'è?
2) Che cosa sono?
3) Come stai?
4) Come si chiama lui?
5) Dove sei adesso?
6) Qual è la capitale d'Italia?
7) Quant'è?
8) Quando parti?
9) Chi è Lei?
10) Perché sei qui alla stazione?

LEZIONE 3

1.

1) grigio 2) magra e alta 3) allegra 4) gentili
5) bella 6) intelligenti 7) chiusa 8) simpatici
9) prossima 10) marroni

2.

1) Sì, è la mia.
2) I miei genitori sono a casa.
3) (Il nostro amico italiano) è simpatico.
4) Sì, ho le tue foto.
5) È mia.

3.

1) italiano 2) bianche 3) facile 4) importante
5) giusta 6) sincera 7) verde 8) difficili
9) brave 10) lunghi

LEZIONE 4

1.

1) Che ore sono?

2) Sono le nove e mezzo.

3) Sono le quattro del pomeriggio.

4) Sono le quattro meno cinque.

5) Sono le sei e un quarto.

6) Faccio colazione alle sette.

7) Arriviamo alle nove a scuola.

8) Non vado a scuola domani.

9) Di solito, arrivo dieci minuti in anticipo all'appuntamento.

10) La lezione finisce verso le tre meno un quarto.

2.

1) Mi alzo alle sette.

2) Faccio colazione alle otto.

3) Prendo un cappuccino con un cornetto.

4) Esco alle otto e mezzo.

5) Torno alle otto di sera.

3.

1) il/un 2) la/una 3) gli/degli 4) la/una 5) l'/un

6) gli/degli 7) il/un 8) la/una 9) l'/un' 10) la/una

LEZIONE 5

1.

1) Un caffè, per favore.

2) Mi dà un cappucino con un cornetto?

3) Un bicchiere di spremuta d'arancia, per favore.

4) Mi può dare un bicchiere d'acqua, per favore?

5) Posso andare un attimo al bagno?

6) Mi scusi, potrei passare?

7) Scusi, posso entrare?

8) Non fumi qui.

9) Venga qui.

10) Mangia pure.

2.

1) vorrei 2) vorrebbe 3) vorrei 4) vorresti

5) vorrebbero

3.

1) Si accomodi! 2) Siediti! 3) Avanti!

4) Entrate! 5) Non fumare! 6) Biglietti, prego!

7) Finisci i compiti! 8) Mi mandi un'e–mail!

9) Mi dica! 10) Chiamalo!

LEZIONE 6

1.

1) Si può usare il computer?

2) Vorrei usare Internet.

3) C'è un computer disponibile?

4) Posso usare la stampante?

5) Quanto viene all'ora?

2.

1) Si va in treno.

2) Non si fuma qui.

3) Non si paga niente.

4) Si può usare il computer?

5) Si prende un caffè dopo pranzo.

3.

1) No, non lo compro.

2) Sì, li mangio.

3) Sì, le conosco.

4) No, non la bevo.

5) Sì, la mangio.

6) Sì, lo voglio prendere.

7) lo spediamo domani.

8) Le incontro al bar.

9) Sì, lo voglio.

10) No, non lo prendo.

4.

1) Voglio vederla.

2) Voglio salutarla.

3) Devo studiarlo.

4) Posso vederlo.

5) Non posso vederlo.

LEZIONE 7

1.

1) Vado in palestra.

2) Sì, mi piace molto.

3) Sì, a lei piace molto la pizza.

4) Mi piace la musica classica.

5) Sì, vado pazzo per la cucina italiana.

2.

1) Le telefono subito.

2) No, non mi interessa.

3) Sì, gli bastano i soldi.

4) Sì, mi piace molto.

5) No, non mi serve.

3.

1) piacciono 2) vi 3) Le 4) mancano 5) sembra

4.

1) ti 2) mi 3) ti 4) Le 5) gli 6) mi 7) Le 8) Mi 9) Gli
10) le

LEZIONE 8

1.

1) Un biglietto dell'autobus per favore.

2) Due biglietti di trenta chilometri, per favore.

3) Un pacchetto di Marlboro Lights da dieci, per favore.

4) Mi dia una carta telefonica internazionale da dieci (euro).

5) Come posso andare al Duomo?

2.

1) Vengo da Milano.

2) Torno a casa.

3) Esco con gli amici.

4) Vado dal dottore.

5) La compro al supermercato.

6) La gente va al mare in estate.

7) Vado a letto alle undici.

8) Sono nato/a in agosto.

9) Sì, c'è molta neve in inverno.

10) Studio italiano per andare in Italia.

3.

1) a 2) dal 3) sul 4) da 5) per 6) in 7) Di 8) dal
9) da 10) in

LEZIONE 9

1.

1) Senta, Mi scusi!

2) Posso chiedere una cosa?/Posso fare una domanda?

3) Mi può spiegare come arrivare al Colosseo?

4) Mi sa dire dove è il Colosseo?

5) Come posso andare al Colosseo?

6) Segua questa strada.

7) Giri a destra a cinqunta metri.

8) Giri a sinistra al secondo semaforo.

9) È lontano da qui. Prenda il numero sessanta.

10) Deve tornare indietro.

2.

1) voglio 2) devi 3) Possono 4) devo 5) suonare
6) avere 7) parlare 8) camminare 9) fare
10) studiare

3.

1) Sì, lo voglio.

2) Sì, lo devo chiamare.

3) Li posso finire fino a domani.

4) Lo vogliamo visitare il sabato.

5) la parcheggio a casa.

LEZIONE 10

1.

1) Avete una camera libera?

2) Vorrei una camera singola.

3) Rimango due giorni.

4) Quanto viene per una notte?

5) Il prezzo include la colazione?

6) Avete una camera doppia per noi due stanotte?

7) Posso prenotare una camera singola per tre
   giorni da oggi?

8) Vorrei prenotare a nome di Kim.

9) Ho già prenotato a nome di Kim.

10) Si può fare colazione dalle sette.

2.

1) Una singola/una doppia.

2) Due giorni/due notti.

3) Da stanotte/da damani.

4) Fino a venerdì/Parto la domenica mattina.

5) A nome di Kim.

3.

1) Sì, (lo voglio,) grazie.

2) Sì, lo metto, grazie.

3) Ne metto uno.

4) Ne voglio una.

5) No, non lo compro.

6) Ne voglio tre.

7) Ne ho due.

8) Ne ho 24.

9) No, non la voglio.

10) No, ne ho mangiata solo una.

LEZIONE 11

1.

1) È da tanto tempo che non ci vediamo!

2) Guarda chi si vede!

3) Quanto tempo ci vuole per arrivare alla stazione?

4) Quando ci vediamo?

5) Vengo subito da te.

2.

1) Adesso sono alla stazione.

2) Sono in Italia.

3) Ci vediamo stasera.

4) No, stasera non posso. Vengo da te domani.

5) Ci vediamo alla stazione.

6) Ok, ci vediamo subito.

7) Sì, ce l'ho/No, non ce l'ho.

8) Sì, ce l'ho/No, non ce l'ho.

9) Ci vuole mezz'oretta.

10) Sì, sono all'hotel Aurora.

3.

1) Mi trovo in Italia.

2) Mi trovo benissimo.

3) Sì, ripeto. Il numero è 012 345 1234.

4) Sì, abito sempre nella stessa casa (dove venivi).

5) Va bene. Ci si vede lì.

4.

1) Si vendono 2) si regalano 3) Si beve

4) Si mangiano 5) Si richiede

LEZIONE 12

1.

1) C'è un tavolo libero?

2) Siamo in quattro.

3) Ti seguo.

4) Ci porti due porzioni di spaghetti da dividere in quattro.

5) Il conto, per favore.

2.

1) Siamo in quattro.

2) Va bene.

3) Sì, una bottiglia di acqua naturale e un litro di vino bianco.

4) Spaghetti alle vongole, li provo.

5) Sono sazio. Basta così.

3.

1) begli 2) bei 3) buon 4) buon' 5) buono

6) grand' 7) gran 8) quel 9) santa 10) santo

4.

1) che 2) di 3) più 4) il 5) come

LEZIONE 13

1.

1) Un biglietto di andata e ritorno per Milano.

2) Un biglietto di sola andata per Milano.

3) Parto verso le dieci e torno domani verso le due.

4) Seconda classe, per favore.

5) Va a Milano, questo treno?

6) A che ora parte?

7) Prendo il treno che parte verso le due.

8) Quanti siete?

9) Siamo in quattro.

10) Il treno parte sul binario undici.

2.

1) È libero questo posto?

2) Dovrebbe essere il mio questo posto.

3) Scusi, permesso?

4) È Ciampino, questo qui?

5) Mi scusi, devo scendere.

3.

1) che 2) con cui 3) in cui/dove 4) che

5) di cui/del quale 6) di cui 7) il cui 8) (a) cui

9) che 10) (a) cui

LEZIONE 14

1.

1) Ho mal di testa/pancia/gola.

2) Mi fanno male le gambe.

3) Sono stanco morto.

4) Ho la nausea e vomito.

5) Ho un raffreddore forte.

6) Mi fa male qui.

7) Non ho appetito.

8) Ho la febbre.

9) Mi sono fatto/a male.

10) Non mi sento bene.

2.

1) Ho gran mal di testa.

2) Da due giorni.

3) Non riesco a dormire per il dolore.

4) Tossisco molto anche.

5) Ho il naso chiuso.

3.

1) verrà/viene 2) seguirò 3) sarà 4) manderò

5) sarà 6) partiranno 7) sarete 8) finiremo

9) venderai 10) finirà

LEZIONE 15

1.

1) Avete una crema di protezione antisolare?

2) Quali sono che non devo mangiare?

3) Posso uscire fuori?

4) Non riesco a dormire bene.

5) Devo prenderle tre volte al giorno?

6) Mi dia un'aspirina.

7) Ho bisogno di un'indigestione.

8) Ho un forte raffreddore.

9) Mi dia un analgestico.

10) Mi dia cerotti per cicatrici.

2.

1) Non so neanch'io perché studio l'italiano.

2) Studia l'italiano in una scuola di lingue per studiare moda in Italia.

3) Dicono che la conoscenza di una lingua straniera è sicuramente utile nella vita.

4) Il sole gira intorno alla Terra.

5) Voglio parlare bene l'italiano, ma non è facile farlo quanto penso.

6) Cammino per la strada della città.

7) Nevica troppo in questi giorni.

8) Glielo regalerò.

9) L'ho già sentito.

10) Voglio andarci.

3.

1) Lo devo finire.=Devo finirlo.

2) Non li devi mangiare.=Non devi mangiarli.

3) La potete usare.=Potete usarla.

4) Lo vuole studiare.=Vuole studiarlo.

5) Ci vogliono andare.=Vogliono andarci.

LEZIONE 16

1.

1) Sono libri.

2) No, sono di poca importanza.

3) Sì, la voglio./No, non c'è bisogno.

4) Lo spedisco in Corea.

5) Sì, preferisco spedire per via aerea.

2.

1) in 2) di 3) a 4) dal 5) a

3.

1) Avrei 2) Vorrei 3) Verresti 4) Potrei 5) Avresti

6) Sapreste 7) Vorrei 8) piacerebbe 9) sarebbe

10) farebbe 11) parteciperebbero 12) farei 13)
potremmo 14) potresti 15) saprebbe

LEZIONE 17

1.

1) Vorrei vedere una maglia.

2) Ti sta/stanno bene.

3) Vedo un po', poi torno dopo.

4) Non è di mio gusto.

5) Avete questo di altri colori?

6) È troppo grande per me.

7) Do un'occhiata.

8) Posso provare questo?

9) Avete questo più piccolo?

10) Avete una taglia più piccola?

2.

1) Sì, vorrei vedere una camicia.

2) (Non) mi stanno bene.

3) No, pago con la carta di credito.

4) Non so la mia taglia.

5) Sì, lo voglio provare.

3.

1) Se posso, ti aiuto.

2) Se hai sete, bevi qualcosa.

3) Se puoi, vieni stasera a casa mia.

4) Dài un'occhiata, se hai tempo.

5) Se partissi ora, potresti arrivare a Milano verso
le sei.

6) Se avessi tempo, andrei volentieri al cinema.

7) Se avessi molti soldi, comprerei la Mercedes.

8) Se avessi avuto tempo, sarei andato al cinema.
= Se avevo tempo, andavo al cinema.

9) Se avessi avuto soldi, avrei comprato la
Mercedes. = Se avevo soldi, compravo la

Mercedes.

10) L'esame mi sarebbe andato meglio, se avessi
studiato di più.

LEZIONE 18

1.

1) Pronto?

2) Mi chiamo Maria.

3) Vorrei parlare con Massimo.

4) Posso parlare con Massimo?

5) È in casa Massimo?

6) Non è a casa.

7) È fuori adesso.

8) Tornerà tra poco.

9) Stanno tutti bene?

10) Lo/La chiamerò più tardi.

2.

1) Con chi parlo?

2) Glielo/la passo subito, un attimo.

3) Non è a casa. È fuori adesso.

4) Gli vuole lasciare un messaggio?

5) Provi a chiamarlo/la dopo le sei.

3.

1) sia 2) è 3) abbia 4) parta 5) stia 6) rimanga 7) è
8) debbano 9) mangiano 10) fossero venuti

LEZIONE 19

1.

1) Sono andato al Colosseo.

2) Sono arrivato una settimana fa.

3) Sono stato a Roma e Venezia.

4) Sì, ho dormito bene.

5) Siamo arrivati verso mezzogiorno.

6) Sì, l'ho visto.

7) Sì, ho mangiato.

8) No, non è ancora tornata.

9) Sì, l'ho mandata.

10) Sono stata a Roma per quattro giorni.

2.

1) venuta 2) passato 3) finito 4) arrivate 5) servito

3.

1) sono venuto 2) abbiamo visitato
3) L'ho già vista 4) abbiamo alloggiato
5) siamo stati 6) è dovuta 7) siamo andati/e
8) ha cominciato 9) sono potuti 10) ha ricevuto

LEZIONE 20

1.

1) Aiuto!

2) Al ladro!

3) Al fuoco!

4) Che è successo?

5) Stia sempre attento/a.

6) Ho perso la mia borsa.

7) Mi hanno rubato la borsa e sono scappati via.

8) Non mi ricordo dove ho messo la mia borsa.

9) Dove si trova la stazione di polizia?

10) Dentro la borsa c'erano documenti importanti.

2.

1) – 5) quello/ciò

3.

1) L'albero è fiorito e lo scoiattolo si è svegliato dal suo lungo sonno.

2) Le rondini tornano dai paesi caldi, e sul prato volano le farfalle.

3) Gli uccellini piccoli, nel nido, hanno fame e aspettano la mamma.

4) In autunno cade spesso la pioggia, e fa un po' freddo qualche volta.

5) Mi piace addobbare l'albero di natale con palle di vetro e candeline.

6) Stasera resto a casa, e prima di dormire leggerò un libro sulla storia d'Italia.

7) La Terra è coperta di terra e di acqua: un quarto di terra e tre quarti di acqua.

8) L'Italia è circondata da tre mari, e le Alpi del nord uniscono l'Italia al continente europeo.

9) Quasi tutte le grandi città sorgono sulla riva di un fiume.

10) L'italiano non è così utile nel mondo internazionale, ma è una lingua facile e divertente.

COLORA E DIVERTITI

일러스트 컬러링

이탈리아어의 매력에 빠지는 잠깐의 휴식
나만의 달콤한 시간

Sei impegnato questo sabato?

No, sono libero.
Ci vediamo
sabato, allora!

Che tipo di libri Le piacciono?

Mi piacciono i romanzi di fantasia.

QUALE NUMERO DEVO PRENDERE PER ANDARE AL DUOMO?

È proprio bello, mi piace questo. Lo prendo.

Ma guarda chi si vede!
È da tanto che non ci
vediamo.

EH SÌ, È VERO.
SONO A ROMA PER DUE
SETTIMANE.